ちくま新書

こころの人類学

――人間性の起源を探る

煎本 孝
Irimoto Takashi

1395

こころの人類学——人間性の起源を探る【目次】

プロローグ

†ダライ・ラマ法王の灌頂儀礼

二〇一四年七月のある日、ダライ・ラマ法王一四世は、一五万人の観衆を前に、カーラチャクラ灌頂《かんじょう》儀礼を行おうとしていた。この日のために世界中からラダックに集まった人びとはインダス河の川岸に作られた広場を埋めつくし、標高三六〇〇メートルのヒマラヤ高地の強い太陽は容赦なく彼らに照りつけていた。

西チベットとも呼ばれるラダックはインドのジャム・カシミール州の一地方で、かつてはラダック王国という独立した仏教国であった。今もチベット仏教の中心地の一つである。ラダックの人びとは、一四日間にわたるこの儀礼に参加するため、家族総出で村々を後にし、あるものは親類を頼り、またあるものはテント持参で、主都レーの近郊にあるこの広場にやってきていた。ここは、ダライ・ラマ法王の夏の公邸に隣接し、平和の園という意味のジウェッツァルと名づけられた地だ。広場には八カ所の入口が設けられ、人びとは朝早くから長蛇の列を作って並び、保安検査を受けて入場する。広場の中で、人びとは家族ごとに敷物を敷いて席を占め、傘をさしてわずかな日陰を作り、直射日光を避けながら法王の教えを受け、儀礼に参加するのである。

舞台となる小さな堂の正面には、人びとに向かい講話するためのダライ・ラマ法王の玉座が設けられている。さらに、大きなガラス張りの窓に囲まれた堂内に白い大理石のブッダ像が置かれ、その右手にはカーラチャクラ尊の壁画と、色粉《いろこ》で彩色された砂により描かれたマンダラが配置される。ここにも、マンダラに向かい儀礼を執り行うための法王の席が設けられ、その後ろには、高僧や特別に招待された地方政府高官などのためのＶＩＰ席が並ぶ。ブッダ像の左手には、カーラチャクラ・マンダラが壁画として描かれ、その前に読経と音楽により儀礼を進める僧たちの机が配置される。彼らは、チベット亡命政府の置かれているインド、ダラムサラにあるナムギャル寺院から来た僧たちである。

堂の前の広場には、招待者、僧と尼僧たちの席、左手には年長者とハンディキャップを持つ人びとの席、右手には七三カ国からの六〇〇〇人を越える外国人のための席が設けられている。広場の後方は、一一万人の一般のラダック人とチベット人、そして子どもたちの席である。また、広場には、ＬＥＤスクリーンとＰＡシステムが置かれ、大画面に映し出される堂内の儀式とダライ・ラマ法王の講話とを、遠くからでも見聞きできるようになっている。さらに、人びとは、日本語、英語、ロシア語を含む一三カ国語による同時通訳を、FMラジオを通してそれぞれの周波数で聞くことができる。

会場の外には、チベット人の露店が並び、衣服、日用雑貨はもとより、流行音楽のCDから仏画、仏像、法具に至るまでの品々が売られている。私も会場の地面に敷くための折りたたみ式の座布団を二五〇ルピー（日本円で五〇〇円）で買った。ブータンから来たというチベット人は、仮設のテントで飲食店をきりもりしている。インド人の商人は車のついた屋台を曳き、ラダックには珍しいアイスクリームを売るのに忙しい。小さな机の上にチラシを置き、寄付を募るのはチベット僧院の再建に関わる僧たちや、チベット難民の子どもの教育に関わるNPOのボランティアたちである。大きなテントの中では、チベットの歴史と現在が写真パネルで展示され、チベット人の窮状が訴えられている。

道端には、袈裟《けさ》をまとったインド人の僧たちが並び、托鉢《たくはつ》を行う。また、乳飲み子を抱える女の乞食は手を差し出し、道行く人びとに物乞いをする。ある乞食は道に横たわり、全身をぼろ布で覆い、ただれた手だけをそこから突き出して震わせ、人びとに恵みを乞う。通りすがりのラダックの人びとは、その異様な光景に立ちすくみ、まわりから凝視するのみである。さらに、両足を失った乞食は、車輪をつけた手製の小さな板に乗り、両手で地面を掻きながら雑踏の中を這うようにして進む。彼らも、人びとの集まるこの行事をめざして、はるか南のインド平原からやってきたのである。

広場から離れた高原には、無料で利用できる臨時のテント村が設営されている。また、別の空き地では、祭りを巡業する業者により、観覧車や遊具が組み立てられ、ラダック人たちは子ども連れで、この即席の遊園地を訪れて楽しむ。レーと会場とを結ぶ道路は、拡張工事が間に合わないまま、バス、トラック、乗用車が砂埃をあげながら全速力で人びとを運ぶ。トラックの荷台やバスの屋上には、人びとが鈴なりになりしがみつく。スピードを出しすぎたタクシーはバスと正面衝突し、大破した車が路上に放置されている。

ヒマラヤの山中に突如として出現したこの時空間は、神々の集《つど》う神聖な儀礼の場であると同時に、まるで、六道輪廻《りくどうりんね》図に描かれる、天、阿修羅《あしゅら》、人、動物、餓鬼《がき》、地獄という衆生《しゅじょう》が、目の前に一度にばら撒かれたような世俗の場でもある。この衆生を前にして、ダライ・ラマ法王一四世は、今まさにカーラチャクラ灌頂儀礼に入ろうとしている。

†目には見えないこころのはたらき

そもそも、カーラチャクラ灌頂儀礼とは、カーラチャクラ尊を主尊とする密教儀軌《ぎき》の伝授を通し、教徒としての資格を与える入門儀式である。これには、大乗仏教の中の密教、さらにその中でも最高位に位置づけられる無上瑜伽《むじょうゆが》タントラの方法が用いられる。このため、弟子は、主尊カーラチャクラを中心に、七二二尊を周囲に配した諸尊の宮殿であるマンダラを瞑想の中で視覚化し、その中に入り、カーラチャクラ尊と同一化する。

この過程で、在家信者の戒、菩薩《ぼさつ》戒、タントラ戒が授けられ、さらに子どもの誕生と幼年期の発達過程に対応する「子どもとしての七つの灌頂」「世間の高度な四つの灌頂」「出世間のさらに高度な四つの灌頂」「金剛大阿闍梨《こんごうだいあじゃり》の灌頂」が授けられる。すなわち、弟子はこの儀式を通して、カーラチャクラ尊として新しく生まれ変わるのである。

儀礼の最終目的は、すべての仏教儀礼がそうであるように、障《さわ》りをなくし良きこころを得るという意味の、悟りに至ることにある。もっとも、そのためには儀礼に先立つ準備が必要になる。このため、最初の日には、師が弟子を守るという儀式が行われ、また、弟子は仏・法・僧に帰依《きえ》し、縁起《えんぎ》と空《くう》の理解に基づいた菩提心《ぼだいしん》——衆生のしあわせを願うというブッダの慈悲《じひ》のこころ——を生じさせることが教示される。

これに続く二日目と三日目には、マンダラの作成に関わる儀礼が行われた。まず、マンダラの作成に先立ち、この地を使用する許可を大地の神々から得るため、ダライ・ラマ法王自身がマンダラの描かれる台に上がり、そこで、四方向に向かって踊り、神々を調伏《ちょうふく》する。また、一二人の僧は五仏の描かれた五弁の冠を被り、金剛杵《こんごうしょ》と鈴を手に持ち、輪になって踊り、この地を使用する許可を得る。次に、マンダラの図面を描くための紐が浄化され、板の上に白い線が引かれる。そして、四日目からは、講話と並行しながら、マンダラの作成が続けられ、七日目には彩色の砂マンダラが完成し、一二人の僧による舞いと、各地の人びとによる民俗舞踊が奉納された。

この間の四日目から六日目までは、灌頂儀礼を受けるための準備として、ダライ・ラマ法王により、ナーガールジュナ（龍樹）によって著された『宝の花輪（宝行王正論《ほうぎょうおうしょうろん》）』と『友人への手紙』についての講話が行われた。ここでは、縁起に基づく「空」の理解――すべてのものは、原因と条件に依存して存在しているにすぎない――、そして「大悲《だいひ》」――大いなる慈悲のこころ――を起こし菩提心を育むことが説かれる。これは、タントラ儀軌に入るためのいわば土台となるものである。

もっとも、私は、自身が諸尊と同一化するとはいかなることなのか、さらには、そこで生じる慈悲のこころとはいったい何なのかを自問していた。これらすべては、目には見えないこころのはたらきであり、その本質は何であり、科学的にどのように説明できるのか、という問いに思いをめぐらせていた。

この五〇年近くにわたり、私は「人間とは何か」という問いのもと、自然と文化の人類学のフィールドワークを行ってきた。ダライ・ラマ法王の灌頂儀礼がまさに始まろうとする瞬間、私の中で、今までのフィールドワークの経験をもう一度ゆっくりと辿りながら、新たな視点からこころを探究する旅が始まったのである。

†本書の構成

本書の第一章では、人間が自然をどのように見ているかを、トナカイの狩猟民であるカナダ・インディアンに学ぶ。狩猟の論理である初原（源）的同一性と互恵性《ごけいせい》の思考、および、生態的不確定性に対応するための生存戦略としての「わかちあいのこころ」を明らかにする。

初原的同一性とは、カナダ・インディアンに見られるように、人間と動物とは異なるものだが本来的に同一であるとする思考である。より一般的には、併存する二元性と同一性との間の矛盾を解消しようとする説明原理であるということができる。

第二章では、初原的同一性と互恵性という現代の北方狩猟採集民のこころが、フランス南西部、ユーラシア後期旧石器時代人のレ・トロワ＝フレール洞窟の自然神にまで遡って見出されることを述べる。初原的同一性と互恵性のこころは、人間と神話の誕生を可能とし、人間性の起源となっている。言語能力と世界観の確立、周氷河《しゅうひょうが》生態と生存戦略を通した人類とこころの進化を論じる。

第三章では、自然をカムイ（神々）として見るアイヌの生態、世界観、祭礼について旧記、文献資料を用いながら論じる。アイヌの熊祭りは、初原的同一性と互恵性という狩猟の論理に基づく狩猟の行動戦略であり、アイヌとカムイの饗宴《きょうえん》の場である。さらに、熊祭りの場において、序列化社会と平等原理の統合、共生とおもいやりのこころが見られることを指摘する。

第四章では、極北ロシア、カムチャツカ地域のトナカイ遊牧民コリヤークにおける遊牧の起源と生態、民俗カレンダーを通して見る年間の活動と儀礼のサイクル、新たな神の誕生、人間の死の儀礼と再生について分析し、自然と宇宙と魂の循環という世界観を明らかにする。互恵性が狩猟民に見られる人間と動物との二者間の直接交換から、トナカイ遊牧民に見られる人間、神、動物の三者間の間接交換へ転換していることを指摘し、さらに、偏在する富の再分配と循環のための社会・心理学的装置としての象徴的なトナカイ・レースと平等原理のこころについて考察したい。

第五章では、モンゴル遊牧民における遊牧の展開について述べる。神と人間との仲介者として人びとの治療を行う役割を担うシャマンという専門職の出現、シャマンの歌と踊りによる治療、シャマニズムの宇宙論、シャマニズムの復興を分析し、変化する社会の中で人びとの願いに応えるシャマンのこころについて論じる。

第六章では、ラダック王国の歴史と生態、仏教僧院の祭礼、仏教とシャマニズムの併存について述べる。僧院と村々の間の生態と儀礼を通した共生関係と、そこに見られるいつくしみのこころを明らかにする。

第七章では、ラダックの現代化とグローバル化に抗する伝統の調整と継承を、僧院の祭礼に登場するシャマンに憑依《ひょうい》する地方神の登場拒否と再登場の過程を通して分析する。さらに、ダライ・ラマ法王によるカーラチャクラ灌頂というチベット仏教儀礼による慈悲のこころとしあわせの実現、こころの制御を通した平和構築の試みについて論じる。

第八章では、こころと人類の進化、およびこころの自然についてまとめる。様々な社会にみられるわかちあい、おもいやり、いつくしみ、慈悲は人類に普遍的に見出されるこころのはたらきである。その根源は初原的同一性にあり、自他の区別を越えたこころの自然である。これは宗教以前の宗教であり、自然的宇宙観と呼ぶことができよう。このこころの本質は、人類の進化における社会の展開に伴う新たな課題に対処して、様々な文化装置を作り出すことにより動作し、個人と社会の存続をはかり、人びとのしあわせに寄与している。

このこころのはたらきを、宗教は個人や家族の範囲を越えて、地域社会、国家、人類全体、さらには地球上の生きとし生けるものすべてにまで広げる。ここには、こころを自然の原点にまで回帰させ、そこから究極の利他心を発動させることで、自他のしあわせと理想の社会を再構築しようとするこころの自己制御が見られる。これは現代社会における内側からの問題解決のための試みでもあろう。

そのうえで、こころの根源的な真実を理解し、自然的宇宙観へ回帰することにより、人はこころの自然を知り、またこころの自然に生きることを提示したい。

第一章

カナダ・インディアンの神話

1　昔、動物は人間の言葉を話した

†神話と夢

昔、動物は人間の言葉を話した。ある時、動物たちは焚き火を囲み、それぞれがどの動物になりたいかを話し合っていた。リスは熊になりたかった。しかし、熊はそれを許さなかった。願いが聞き入れられなかったリスは、泣きながら火のかたわらで丸くなって寝入ってしまった。リスの背中の毛が褐色なのは、この時、火に近づきすぎたまま眠り、背中の毛を焦がしたからだという。そして、熊になることをあきらめたリスは、木のこずえに駆け上ると、今度は人間の子どもたちと楽しくさえずり遊ぶことにした。

カナダ・インディアン、冬のキャンプ地への旅（左から２番目：筆者）

夏のキャンプで子どもたちは、森の中を駆け回り、柔らかな苔の上についているコケモモの小さな赤い実を、指先で摘み取っては、口の中に放り込む。ある子どもたちは、もっと甘いブルーベリーの実を見つけて、頰張り、舌も唇も、青く染めて笑う。木のこずえで、リスが、キッキッと甲高い声で鳴くと、子どもたちは伝説の中での話のまま、リスを追いかけて一日中遊ぶ。

ここに登場するカナダ・インディアンは、カナダ亜北極の北方アサパスカン語族に属する北方狩猟採集民である。彼らはアラスカ内陸部からカナダ中央部に広がるタイガ（針葉樹林帯）に住み、夏には川や湖での漁撈《ぎょろう》、冬にはツンドラ（永久凍土帯）から南下してくる野生トナカイ（カリブー）の狩猟を行う季節的移動生活を送っていた。特に、秋はトナカイの大群が北から南へ大移動し湖や川を泳ぎ渡るが、この時、インディアンはカヌーを使い、トナカイを槍で突くという集団猟を行った。現在、彼らはカナダ亜北極の村々に定住している。しかし、ここを拠点として、森の中にキャンプを作って季節的移動を行い、狩猟と漁撈を生活の主要な部分としていることに変わりはない。

多くの場合、彼らの神話は、「昔、動物は人間の言葉を話した」という前置きで始まる。そして、どのようにしてその動物が現在見られるような色や形になったのかといういきさつが語られる。ここでは、動物と人間とは共通の言葉を話していたことと同時に、今日ではもはや動物は人間の言葉を話さず、したがって、人間と動物とは異なるものであることが暗に語られている。

それにもかかわらず、今日、インディアンたちがキャンプで神話を語る時、彼らの動物に対する親しみのこもった感情を見てとることができる。事実、動物に霊的なものを認める彼らの考え方は、動物が人間とは異なるものではないとする見方を示している。動物を狩るという行為において、狩人は獲物との間の同一性を経験する。そこでは、獲物の死は狩人の生を意味する。狩猟とは生と死の交換の場である。その瞬間は超自然的な世界に属し、生と死の境界、人間と動物との境界は取り払われる。

狩猟に際し、インディアンは夢の中で獲物の霊と交流する。ここでの夢とはインコンゼと呼

カナダ・インディアンによるトナカイ狩猟

ばれ、呪術的な力の場である。そこでは、狩人は獲物が自らの意思で狩られることの同意を得る。獲物の足跡や小枝を噛み切った跡は、獲物が自分の居場所を狩人に教えるための印であるとされる。

冬の寒い日、インディアンはトナカイの角を短く切った小片をまとめて腰に結びつけ、雪の上の足跡を追う。トナカイはこの小片のぶつかり合う音に聞き耳を立てる。そして、立ち止まり、狩人の方を向いて、狩られるのを待っているという。

まるで夢の中でのように、獲物の踏み跡と狩人の踏み跡が交差し、狩猟が行われる。狩猟とは現実の活動であると同時に、霊的な活動でもある。したがって、インディアンは狩猟により、獲物と人間との間の対等な霊的な交流を経験し続けている。

†初原的同一性の論理

人間と動物とを二元的に対立するものとして見ることと、同一のものであると見ることは、論理的に矛盾する。二元性は類別の結果で、同一性は類別しないことの結果である。しかし、両者はインディアンの思考の中では併存している。この人間と動物との関係についての見方を、初原（源）的同一性と呼ぶことにする。初原的同一性とは、二元性と同一性との間の矛盾を解消しようとする概念であり、ここでは、現実世界の二元的対立項は、本来的には同一のものであると神話的に説明されることになる。

人類学において、従来、アニミズムと呼ばれたものは、自然のあらゆる事物に霊が宿るとする信仰であり、一九世紀進化主義の枠組みの中で、「未開社会」における宗教として、E・B・タイラーにより紹介された。しかし、現在、人類学において、アニミズムは特別な社会や宗教の分野に限定されるものではなく、人類に普遍的に見られる思考であるとされる。このアニミズムという現象を論理的に分析するならば、初原的同一性という説明原理による自然の人格化（神格化）ということができる。

自然の人格化が重要なのは、人間と動物との関係——特に、狩猟を通した屠殺《とさつ》と肉食——が二元性を背景とした互恵性の認識の基盤になっているからである。超自然の認識のもとでは、人間も動物も同じ人格を持った成員として社会を構成することになる。これは、人間と自然との同一性という見方だ。しかし、狩猟とは人間が動物を殺し、食べることである。そこでは、動物と人間とを区別する二元性が必要となる。人間と自然との同一性と二元性という矛盾する見方を統合するのが初原的同一性の概念なのである。

この論理により、人間は動物を殺し、肉を食べるが、同時に、動物の超自然的本質である人格との間で、互恵性という概念を用いて、食料としての肉を贈与として受け取り、これに対して返礼を行うという狩猟の世界観を成立させることができるのである。

初原的同一性は神話だけでなく芸術においても表現される。二五〇〇年前のベーリング海峡エスキモーの遺物であるセイウチの牙製《きばせい》引きかぎには、女性とセイウチとの二重の表象が彫刻され、海獣の母となった人間の女性の神話との連続性が認められる。この動物と人間との二重の表象は、さらに、現代のマッケンジー・イヌイットの滑石《かっせき》彫刻芸術においても表現される。

また、カナダ北西海岸インディアンのトーテムポールには、熊と世界で最初の人間の女性が結婚し、その子孫が現在の彼らの首長になったという神話が、歴史として刻み込まれている。人間や氏族の起源が動物と人間との結婚に始まるとされる神話は、北方地域において広く見られる。また、この世とは別の世界で動物は人間の姿をしているという世界観も、アイヌやニヴフに見られる。氏族ごとに祖先の動物を持つトーテミズムとは、自然の表象を用いた人間社会の範疇化のみならず、自分たちの祖先と特別な動物たちとの間の神話的連続性の認識であり、動物と人間とは本来的には区別されないのだという考え方に基づいている。

範疇化、とりわけ対立的二元論は人類に普遍的に見られるものだろう。しかし、ものごとを類別しないという同一性もまた普遍的である。そして、この両者をともに肯定し、その矛盾を説明しようという論理が初原的同一性なのである。

今日の北方狩猟採集民は初原的同一性の概念を持ち続けている。もっとも、二元性と同一性との間の矛盾は神話の論理によってさえも根本的に解消されてはいない。むしろ、この両者は併存し続けている。人間と動物との二元的な分類や、両者の関係の様々な弁明にもかかわらず、人間は日々の狩猟生活において二元性の論理とは異なる世界の見方を経験し続ける。二元性が論理の世界に属するものであるとすれば、同一性は経験の世界に属するものだからである。それにもかかわらず、人間は動物と人間とを区別し、動物を殺さなければならない。同一性と二元性との間の矛盾は人間が人間であろうとする限り存在し続け、これが様々な神話を生み出し、人間の文化を創造しているのである。

2　トナカイは人が飢えている時、自分からやってくる

†神話「おばあさんが育てた」

アンばあさんは大地に根が生えたように座っている。ばあさんは今までに一〇人の子どもを産んで育てた。その他に死んだ子どもは二人いるという。今でも、孫になる少年と坊やは、ばあさんの養子として育てられている。七〇歳になってもまだ子育てを続けているのである。アンばあさんは夫が死んで、ジョンじいさんとは再婚である。ジョンじいさんも彼女とは再婚になる。だから、アンばあさんはたくさんの死と生と、その悲しみと喜びとを知っている。トナカイを待ちながら、食物がなくなり、それでもあたりまえの顔をして座っているのである。そのアンばあさんが、冬のキャンプでトナカイの昔話をする。

昔、トナカイが通った後に、子どもの泣き声がした。女の子が声の主を捜すが、何も見つからない。おばあさんが捜すと、トナカイの糞の中に小さな子どもがいる。この子どもはとても小さくて、ミトン（二本指の手袋）の親指のところに入れて持ち帰って育てた。やがて、彼は少年になった。ある時彼は、トナカイの肢が食べたいといった。しかし一緒に生活していた人

びとは、これを少年に与えなかった。そこで少年は、「彼らを飢えさせてしまえ」といって、人びとを追い払ってしまった。

少年は彼を育てたおばあさんにトナカイを狩ってくるため、北の方に出かけていって、トナカイをたくさん殺し、その舌を持ってきた。少年は、「最後に殺したトナカイが私を笑ったので、その頭を食べてしまえ」といって、アンばあさんにトナカイの頭を料理させた。トナカイの群れが北に帰る時、少年もトナカイになって北に帰って行った。それから少年の姿を見かけた者はいない。

しかし、とアンばあさんはつけ加える。「今でも、トナカイの足跡に混じって、雪の上にこの少年の足跡を見かけることがある」と。

後に、同じ種類の話を別のおじいさんから聞くことができた。基本的な筋書きは同じであるが、その神話――題名は「おばあさんが育てた」というのであるが――は細部においてより詳しく語られている。

例えば、話の中でおばあさんが赤ん坊を家に連れて帰った後、「三人の女の子が、その小さな赤ん坊を欲しがった」という。しかし、「少女たちが赤ん坊を取りあげると、その赤ん坊は死んでしまう。そして、おばあさんが赤ん坊を取り戻すと、それは再び生き返った」と。

やがて、この小さな赤ん坊は「三〇センチほどの背丈の少年に育つ」が、人びとは少年にトナカイの肢を与えない。それで、おばあさんと少年は人びとのもとを去り、小さな湖を見つける。ここで、少年はおばあさんに「氷に穴をあけて魚を釣るようにいった。はじめ、魚はいないようであった。しかし、すぐにおばあさんは大きなカワカマスを釣った。少年はおばあさんに、もう一度試してごらんといった。今度は、大きなマスが釣れた」のである。彼らはここに木の枝を立てかけて作った小さな家を建てた。

しかし、少年はどこかに行ってしまう。おばあさんは家の中で泣いていたが、「夜中になって少年が家の中に飛び込んできた。少年は、服の内側からトナカイの舌を取り出した。少年は九頭のトナカイを殺してきた」のである。彼は、トナカイの尻の穴から体の中に入り、胃を通り抜けて口に出て、そこでトナカイの舌を嚙み切った。それで、トナカイは舌から血を流して死んだという。

話はさらに飢えていた人びとについて語られる。人びとは「少年の後をつけた。少年の足跡は、まるでトナカイの足跡のようだった。人びとは、それをトナカイの足跡だと思った。しかし、それは、小さな少年の履くかんじきの跡だった。人びとは熊の寝ている穴の前に来た。人びとは、熊を見つけてそれを狩った」と。そして、最後に話は、「おばあさんが死んだ後、少年はトナカイの群れへと帰っていった」と終わる。

†少年、トナカイ、おばあさんの役割

さて、この神話に登場する小さな少年とおばあさんの物語はいったい何を語っているのだろうか。さらに、インディアンとトナカイとの間の互恵性と仲介者としての小さな少年の役割についても考える必要があろう。

神話の小さな少年の名前はベジアーゼという。彼はトナカイの糞の中で発見され、インディアンのキャンプにやってきて少年になった。そして、トナカイの群れへと帰っていった。すなわち、この小さな少年はトナカイから人間へ、そして、さらに人間からトナカイへと変身したのである。インディアンが説明するように、この少年は実際には「エッェン・ツィ・デネ」、すなわち「トナカイが人間として現れたもの」である。少年の名前であるベジアーゼとは、インディアンの民俗分類学的名称によると、一歳の子どものトナカイを示すものでもある。すなわち、ベジアーゼという名称は、神話の中での小さな少年と動物学的な子どものトナカイを同時に意味している。

神話において、小さな少年のかんじきの踏み跡は、トナカイの足跡と区別がつかないと語られる。また、同じ神話の別バージョンでは、最後にベジアーゼがトナカイの群れに帰っていく時、おばあさんがベジアーゼの履く小さなかんじきの跡を追うと、手袋が、さらに小さな服が

落ちており、やがてかんじきの跡は小さなトナカイの足跡となって雪の上に続いていたと語られる。実際、インディアンは現在でも、小さなかんじきの跡を見ることがあるという。それは、森林の中の柔らかい雪の上では小さなかんじきの跡であるが、追跡していき、凍った湖のかたい雪の上では小さなトナカイの足跡になるという。

神話におけるこの少年の出現も異常である。彼は通常の出産を経て生まれたのではなく、トナカイの糞の中に見出された。さらに、彼は人間の女性とトナカイとの間に生まれた息子であるともいわれる。したがって、彼の誕生におけるトナカイとの関連は明白だ。このことから、ベジアーゼと呼ばれるこの小さな少年の存在は両義的であることがわかる。彼は人間であると同時にトナカイでもある。そして、彼は一方から他方へと変身することができる。

彼の異常性はその大きさにおいても示される。赤ん坊として、彼はミトンの親指の部分に入るほど小さい。また、おばあさんに育てられた後も、小さな少年、すなわち、小人に成長したのである。

また、彼のトナカイの狩猟方法も異常である。彼はインディアンが行うように槍や弓矢を使用しない。彼の狩猟方法は次のように説明される。彼は、トナカイの尻の穴から体の中に入り、胃を通り抜けて口に出て、そこでトナカイの舌を噛み切った。それで、トナカイは舌から血を流して死んだ。また、彼はトナカイと遊んでいるうちにトナカイの舌を噛み切って殺したともいわれる。この狩猟方法は霊的、あるいは呪術的でさえある。すなわち、この小さな少年は両義的な性格を有し、さらに、その異常性は彼の霊的な力と関連している。

神話の中のおばあさんはベッツネと呼ばれ、「彼の祖母」という意味である。この祖母を示すツネというインディアンの親族名称は、親族関係を持たない祖父母の世代の女性一般に対しても用いられる。トナカイの糞の中に小さな赤ん坊を発見したのはおばあさんである。これとは対照的に、少女たちは彼を見つけられなかった。さらに、この小さな少年を育てることができたのはおばあさんであり、このことは三人の少女たちの試みの失敗と対比的に語られている。神話はおばあさんと少女たちを区別し、小さな訪問者を受け入れ、育てることができるのはおばあさんでなければならないことを語る。

このおばあさんは子どもを産み育てるという意味での女性の範疇に属しながらも、同時にその年齢ゆえ、女性あるいは男性という性を超越した、いわば第三の性という属性を持つ。他方、小さな少年はその両義性ゆえに、動物でも人間でもない第三の範疇に属している。したがって、両者には範疇上の一致が見られる。この共通性が動物と人間との間の境界を越え、両者の交渉を可能にする。

さらに、ここではおばあさんという第三の性を設定することにより、一方で男性が狩猟という行為により動物との間に形成する殺す者と殺される動物という現実的な関係の想定を回避し、他方で、女性が狩猟に関わることをタブー（禁忌）とするインディアンの観念を侵害することをも避けている。すなわち、おばあさんとベジアーゼとの関係は、現実的な狩猟とは異なるレベルにおける動物と人間との関係を形成している。

†おばあさんと少年の交渉

さて、次におばあさんと小さな少年との交渉はどのような意味を持っているのだろうか。神話の前段において、小さな少年はトナカイから人間の世界へとやってきた。おばあさんが彼の受け取り手となり、彼はおばあさんによって育てられた。神話の後段では、少年はおばあさんに九個のトナカイの舌を贈る。トナカイの舌は狩猟の成功と豊富な肉の象徴となっている。現在でもインディアンの狩人は森の中で運搬することができないほど多くのトナカイを殺した時、舌を切り取り、それをキャンプに持ち帰る。狩人が舌を持ち帰ることは、森の中に多くのトナカイの肉が貯蔵されていることを意味する。そして、神話の最後で、少年はトナカイへと変身し、群れへと帰っていく。

神話はおばあさんが少年を育て、その返礼として舌がおばあさんに贈られることによって、人間とトナカイの間に互恵性が成立したことを物語る。凍った湖からの魚はベジアーゼによるおばあさんへの一時的な贈り物だろう。物語のこの部分は、トナカイが現れるまでの生存のための活動としての氷下漁を伝授するものでもある。さらに、おばあさん以外の人びとと少年との間の互恵性の形成が失敗したことが、おばあさんと少年との間の物語と対比的に語られる。人びとのベジアーゼに対する不遜な振る舞いは、彼らの飢餓を招く結果をもたらすのである。

この小さな少年は、神話の中でインディアンとトナカイとの間の交渉に着手し、仲介者としての役割を演じている。彼はインディアンを訪問し、そしてトナカイの群れへと帰還する。この訪問によりインディアンとトナカイとの間の互恵的関係が導かれる。

さらに、ベジアーゼはトナカイの群れに帰る前に、「人びとが私のことを語り続ける限り、いつもたくさんのトナカイの肉があるだろう」という伝言を残したとされる。すなわち、神話の中で形成された互恵的関係はインディアンとトナカイとの間の約束となり、その継続のための条件はインディアンがベジアーゼの神話を語り、彼によって象徴されるトナカイに対して敬意を持ち続けることであるとされる。したがって、この昔話はインディアンとトナカイとの間の互恵性の起源の神話であり、その継続についての約束ごとを教えているのである。

トナカイと人間の関係は昔話の中だけで終わってしまってはいない。ベジアーゼはたしかに人間の世界からトナカイの世界へと戻るが、彼は「今でもトナカイの群れの中にいる」といわれる。群れの中でひときわ速く走る小さな子どものトナカイがベジアーゼなのだという。このことは、トナカイと人間との継続的な関係を私たちに信じさせはしないだろうか。トナカイの群れが冬になってやってくるたびに、ベジアーゼも話の中でのように、また私たちを訪れるのであると。それは、アンばあさんの次の言葉にもっともよく表現されている。

「トナカイは人が飢えている時、その肉を与えに自分からやってくるものだ」

私たちがトナカイを狩るのではなくて、トナカイが私たちのところに来るのである。この時、彼らの神話的世界は、そのまま現在まで連続し得る。だから、アンばあさんが肉のないキャンプで落ち着いているのは、静かにベジアーゼの神話を語り、トナカイに対する信頼ゆえに穏やかな気持ちでトナカイが現れるのを待っているからではないだろうか。

3　生態とわかちあいのこころ

†狩猟における季節性

北方地域において、狩猟対象動物となる獲物の大群の出現は季節的である。したがって、北方狩猟採集民の一年は夏と冬という規則的にくり返されるリズムにより特徴づけられる。夏、トナカイは出産のためツンドラへと北上する。そして、冬になると、越冬のためタイガへと南下する。繁殖活動は秋に行われ、トナカイは南下の途中、川や湖を泳いで渡り、ツンドラとタ

カナダ・インディアン、冬のキャンプの様子

イガの境界にあたる森林限界周辺に集まる。そして、川や湖が結氷すると、群れは森林の中へと移動する。

インディアンは夏と冬のキャンプを設営する。夏のキャンプは漁撈活動の、冬のキャンプはトナカイ狩猟と罠猟のためである。秋には、インディアンは南下してくるトナカイを迎え撃つため北上する。したがって、インディアンとトナカイはそれぞれ夏と冬に、南と北という反対の方向に移動することになる。冬には両者の活動空間は重なり合い、ここでインディアンがトナカイを狩猟する。すなわち、インディアンとトナカイの生態的関係は、毎年の規則的な空間‐時間リズムによって特徴づけられるのである。

しかし、狩猟者と動物との間の生態的リズムは、永久に不変でもなければ保障されているものでもない。トナカイの移動路は年ごとに大きく変わる。また、群れの大きさや越冬地域は、積雪状況や森林火災の範囲に応じて変化する。インディアンは秋になるとトナカイを待つためにキャンプを設営するが、彼らが毎年、同じ場所でトナカイに出合える保証はない。もしトナカイが現れれば大量の肉が得られるが、もし現れなければ人びとは飢えることになる。北方狩猟採集民にとって飢餓は稀なできごとではない。

†不確定性への戦略

狩猟活動そのものにおける不確定性も一般的に見られる。狩猟活動とは狩人による動物の探索、追跡、接近、あるいは待ち伏せ、屠殺、解体、運搬という一連の行動により構成される。狩人は動物の生態や行動に対応した狩猟活動の調整を行うが、それは必ずしも常に成功するとはかぎらない。狩猟の失敗、あるいは事故がその結果を不確定なものにしている。すなわち、北方狩猟採集民は動物に大きく依存しており、狩人と動物との生態的関係は規則的な時間‐空間リズムを形成してはいるが、同時にそこには不確定性が見られるのである。

もちろん、インディアンは人間と自然との関係の不確定性に対応する社会的、生態的調整も行う。彼らは、森林限界の近くにキャンプを設営する。一つのキャンプと別のキャンプとの距離は時に一〇〇キロメートルも離れていることがある。もし、キャンプの設営地の近くで季節

カナダ・インディアンの犬橇

移動してくるトナカイが水を渡れば、インディアンは殺せる限りのトナカイを狩猟することができる。これらの肉は後に、トナカイの移動路にあたらなかった場所でキャンプしていた人びとにも分配される。人びとは肉がなければ、トナカイの狩猟に成功した者から肉を自由に得る。狩人たちはお互いのキャンプを訪れて、トナカイの現れた地点に関する情報を交換する。また、最初のトナカイが得られると、この情報は他の人びとにも伝えられる。

私は、アンばあさんの夫で七一歳になるジョンじいさんが、この冬における最初のトナカイを狩猟したことを人びとに伝えるためだけに、キャンプから七五キロメートル離れた村まで犬橇《ぞり》で往復するのを見た。彼の養子である少年は、この老人が「そうすることが好きだから」行くのだと説明した。ジョンじいさんは若い時にはいつもたくさんの肉をキャンプにもたらした腕のよい狩人だと人びとにいわれていた。また、現在もそういわれるとジョンじいさんは笑って喜んでいるように思われた。したがって、ジョンじいさんの行動は、彼が腕のよい狩人だという威信を示すためと考えることもできる。

しかし、同時に彼の行動は生態学的に見ると、生存のための戦略的行動としての役割をも持つ。すなわち、移動するトナカイの位置に関する情報の速やかな伝達は、すべてのインディアンの狩人によるトナカイの生産量を最大化する。またその結果、肉の分配を通して他のキャンプの人びとの飢餓を防止することにもなる。すなわち、情報と肉の分配機構は、空間的‐時間的に不均一に分布している大量の資源の獲得における生存戦略となっている。

†キャンプでの分配と協力活動

さらに、生態的不確定性と食物分配は、夏のキャンプでも見られた。インディアンは夏の間一カ所につき数週間ずつキャンプしながら、湖の岸辺や小島を転々と移動して生活する。ここでは、男たちは湖で網をしかけ魚をとり、女たちがそれを切り開き、干し魚を作る。また、男たちはオオジカの足跡を見つけると、森の中で狩りを行う。

私が訪れたキャンプでは、人びとは湖が荒れていたため漁ができず、食物の不足に見舞われていた。ある夕刻、一人のインディアンが嵐をついて出漁することに成功した。小舟が岸に近づくと、人びとはテントから出て岸辺に集まった。彼らは小舟を岸に引きあげると、許可を請うことなく、小舟の中の魚を持ち去った。

このようにして、一四尾のホワイトフィッシュのうち八尾が四つの家計単位——日常生活における基本的な生計単位であり、ここでは、各テントに居住する核家族からなる世帯——に各二尾ずつ分配された。残りの六尾の魚のうち四尾はこの漁師の両親の家計単位に与えられた。漁師自身の家計単位は二尾の魚を得た。したがって、一人の漁師による漁獲物は六個の家計単位により消費されたことになる。親族への分配が多いものの、キャンプにいた人びとには漁師本人を含めて家計単位ごとに平等に分配された。

さらに、この分配にあずかった者の一人は実際には異なるキャンプに居住していた家計単位に属する者であり、たまたまこの分配の場に居合わせただけであった。しかし、彼は魚の分配から排除されることはなかった。このできごとに続いて、次のような活動が観察された。魚を得た人びとの一人は残りの人びとが魚を焼くための枯れ木を集めた。その後、人びとは小舟を岸の上の嵐がきても安全な場所に引き上げた。これらの活動は躊躇することなくキャンプの人びとにより実行された。

キャンプは同一地点における人びとの一時的な集合である。それは、自然的および超自然的環境に対する安全性を保証し、情報交換の場となり、さらにトナカイの集団猟を行うための男性の構成員を提供する。キャンプは理論的には複数の狩猟単位――家計単位が父系、母系を問わず共系的に結びついて形成される生計単位――の集合であり、全員が必ずしも同じ親族集団に属するわけではない。

しかし、キャンプは食物のない時には誰もが分配にあずかることのできる一般的互恵性の場である。もっとも、彼らが魚を二尾ずつ取ったということは、他の人びとの分がなくなるほどに魚を独り占めすることもなく、また逆に、自分の分をまったく取らずにすべてを他の人びとに与えてしまうこともなかったことを意味している。すなわち、彼らの行動はまったくの利己行動でもなければ、まったくの利他行動でもない。彼らは自己のことも考えながら、同時に他者のことも考えていたのである。

さらに、返礼としての互恵的活動は必ずしも漁師との間における二者間の直接交換ではなかった。他の人びとのために魚を焼くための枯れ木を集め、また全員で小舟を岸にあげるというのは、危険を冒して出漁した漁師の利他行動とともに、キャンプにおける全員の協力活動とみなすことができる。

さらに、人びとは魚の分配にあずかる時に、許可を得たり、礼を述べたりすることがなかった。これは、次の機会には自分が逆の立場になるかもしれないという生態的不確定性によるものだ。しかし、同時にこの行動は人びとの間に分配を通した支配‐従属関係が形成されることを阻止している。すなわち、狩猟採集活動という生態が協力活動を通して、社会における一般的互恵性と平等原理の形成に関与しているのである。

†狩猟採集社会におけるわかちあいのこころ

狩猟採集社会は平等主義を特徴としているといわれる。もっとも、それは天賦のものでもなければ、主義としての理念でもない。これは、生態的不確定性に対応するための生存戦略として、人間が進化の過程で備えるに至った社会規範である。

インディアンは、ものを独り占めして他者に与えない者のことを、「アシガニンタン（けちん坊）」と呼んで軽蔑する。彼らの社会では、わずかな漁獲物でもキャンプの人びとの間で分配したように、あるいはトナカイが来たという情報を伝えるためだけに遠く離れた村まで犬橇を走らせたジョンじいさんのように、他者が必要とする時には、ものをわかちあうことが期待されるべき行動となっている。

したがって、こころのはたらきという観点からいえば、狩猟採集社会における平等主義とは、より適切には、わかちあいのこころと呼ぶことができるのである。

第二章 レ・トロワ゠フレール洞窟の自然神

1 動物人間の壁画

†人類の移動

人類の誕生を七〇〇万年前とすると、アウストラロピテクスなどの初期人類は食料を植物に依存していたと考えられる。しかし、一九〇万年前のホモ・エレクトスでは腐肉あさりを含んだ狩猟が可能となり、五〇万年前のネアンデルタール人、古代型ホモ・サピエンスではすでに狩猟が行われていた。二〇万年か三〇万年前には現生人類の直系の祖先である現代型ホモ・サピエンスがアフリカで出現し、その後、遅くとも最後の氷河期であるヴュルム氷期における四万年前から一万年前の後期旧石器時代には、北方適応と大型動物の狩猟活動系が確立したと考えられる。とりわけ、北方地域では狩猟が主要な生存活動となるため、人類の北方適応における狩猟の意義を無視することはできないだろう。

人類の北方ユーラシアへの進出は、大陸氷床《ひょうしょう》の発達しなかった北東シベリアでは、マンモスなどの大型哺乳類が生息していた更新世《こうしんせい》後期ヴュルム氷期のカルギンスキー亜間氷期（四万～二万五〇〇〇年前）になされた。その後、二万年前のサルタン氷期に向かって気候の寒冷化が起こると植生は耐乾燥タイプから半砂漠タイプへと変化し、南下する大型哺乳類を追って、人類も南下あるいは東進し、陸橋《りくきょう》となっていたベーリング海峡を渡ってアラスカに入った。シベリアにおける後期旧石器文化の変遷も、カルギンスキー亜間氷期において、ルヴァロワ技法から石刃《せきじん》技法の出現、サルタン氷期に入ると石刃の小型化と木葉形尖頭器《もくようがたせんとうき》の普及、細石刃《さいせきじん》の出現と植刃器《しょくじんき》の発達が見られ、寒冷気候への適応と北方周極地域への進出がなされる。

†洞窟と人類

現在のヨーロッパには、約四万年前から一万年前のユーラシア後期旧石器時代人であるクロマニヨン人が描いたとされる壁画が残されているいくつかの洞窟がある。私は、二〇〇六年にフランス南西部、スペイン北部の洞窟壁画と研究機関における調査を行った。ラスコー洞窟とアルタミラ洞窟ではその横に復元された洞窟が作られ、見学することができる。フランス南西

ラスコー洞窟壁画（Photo: Cliché N. Aujoulat - Centre National de Préhistoire - mc）

部のニオー洞窟では、ガイドが懐中電灯を持って内部を案内する。山の中腹にある大きな入口から入ると、暗闇の鍾乳洞《しょうにゅうどう》の床には大きな石筍《せきじゅん》が乱立する。最奥は天井の高さが二〇メートルはあろうかという大広間になっており、壁面にはバイソンなどの動物が数多く描かれている。音響効果があるため、ここで何らかの儀式が行われていたとの説明ももっともらしく思われる。

また、レ・コンバレル洞窟では、狭い入口から入ると、内部は人一人がやっと通り抜けられるような曲がりくねった回廊となっており、一周まわって入口近くにある別の出口へと戻る。したがって、この洞窟は生活の場ではないことがわかる。しかし、ここに描かれているマンモスの刻画《こくが》を誰がどのような理由で描いたのかは不明である。

レ・トロワ＝フレール洞窟は内部崩壊の危険があ

るため現在立ち入りはできないが、発見当時の貴重な研究資料が残されている。洞窟壁画から後期旧石器時代人のこころを知ることは、限られた資料と、これらが後期旧石器時代人のこころを反映しているという仮定に基づいた推論にすぎない。しかし、これを踏まえた上で洞窟壁画を分析することは可能であり、人間の理解にとって必要なことでもある。

†動物と人との混成像の発見

南フランス、ピレネー山脈のレ・トロワ゠フレール洞窟（紀元前二万七〇〇〇〜一万三五〇〇年）にはクロマニョン研究の長老であるブルイユ神父によって「魔術師」と名づけられた角の生えた面をつけ、フクロウに似た目と、ウマの尾、オオカミの耳、クマの前肢、そしてヒトの足と性器のようなものを持った動物の神のような図が画かれている。この混成像の図は天井に近い高い位置に描かれた黒色彩色画だが、細部はかなり不明瞭である。しかし、ブルイユの描写を参考にするならば、少なくとも下半身はヒトで上半身は角のあるシカ科の動物、もしくはシカ科の動物をはじめとする複数の種類の動物からなる混成像である。

同じレ・トロワ゠フレール洞窟の壁画には、トナカイ、アイベックス、ウマ、サイ、バイソンの群れの中に立つ、ヒトとバイソンとの混成像も見られる。この混成像は、頭部はバイソンの角とバイソンの顔を持ち、前肢と蹄もバイソンのものである。さらに肩から胸にかけての上

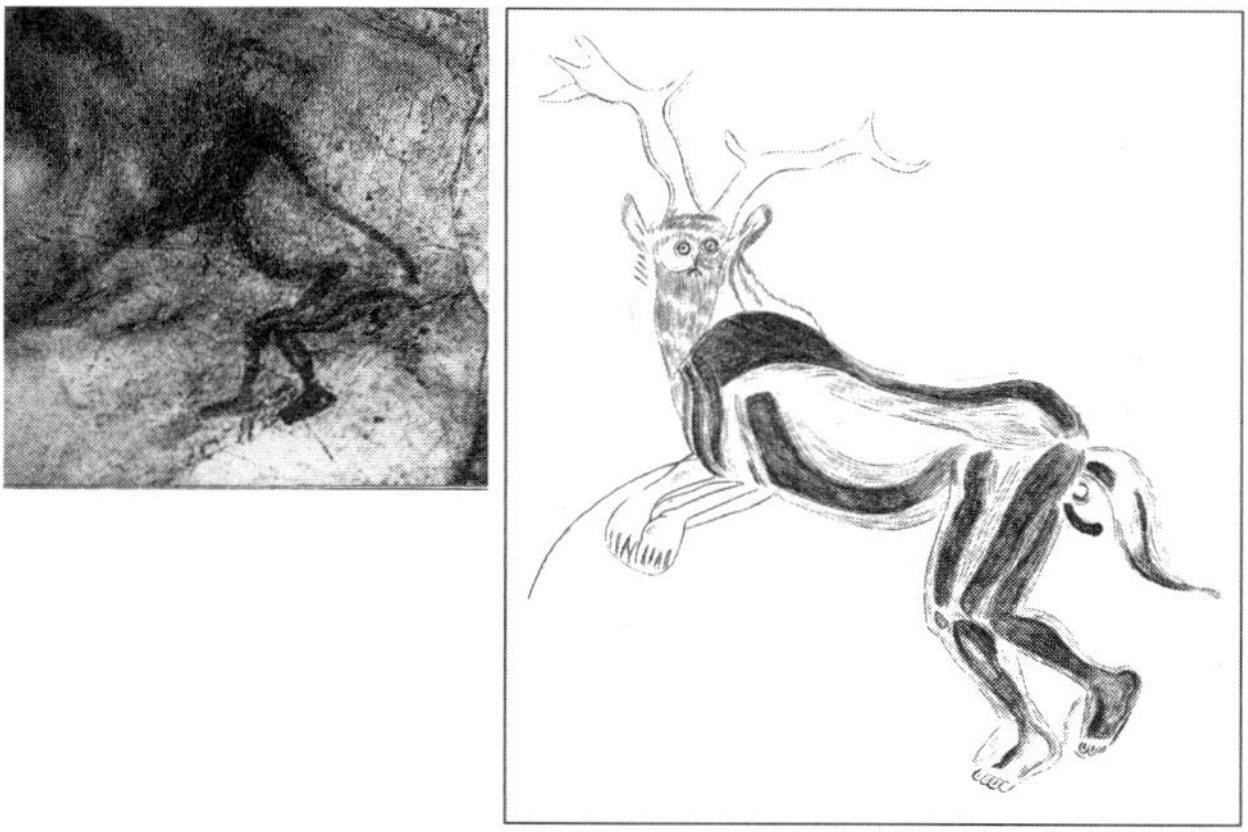

レ・トロワ＝フレール洞窟における動物－ヒト混成像の原画写真（左）と描写（右）［Breuil 1952：166］

半身も毛に被われたバイソンの体格をしているにもかかわらず、下半身になるにしたがってヒトの体つきを呈し、両足はまったくヒトのものであり、まるで他の動物たちを見ているように直立している。また、これらと類似する三点のバイソン－ヒト混成像の図がガビル洞窟（紀元前一万七一〇〇年）からも報告されている。

これらは前例のバイソン－ヒト混成像の図と比較すれば、より簡略に描かれてはいるが、バイソンの頭部、ヒトの下半身と後足、直立もしくは前かがみの姿勢、さらにその中の一例には男性性器を認めるなど、共通の特徴を有している。

さらに、レ・トロワ＝フレール洞窟で見られたシカあるいはバイソンとヒトとの混成像

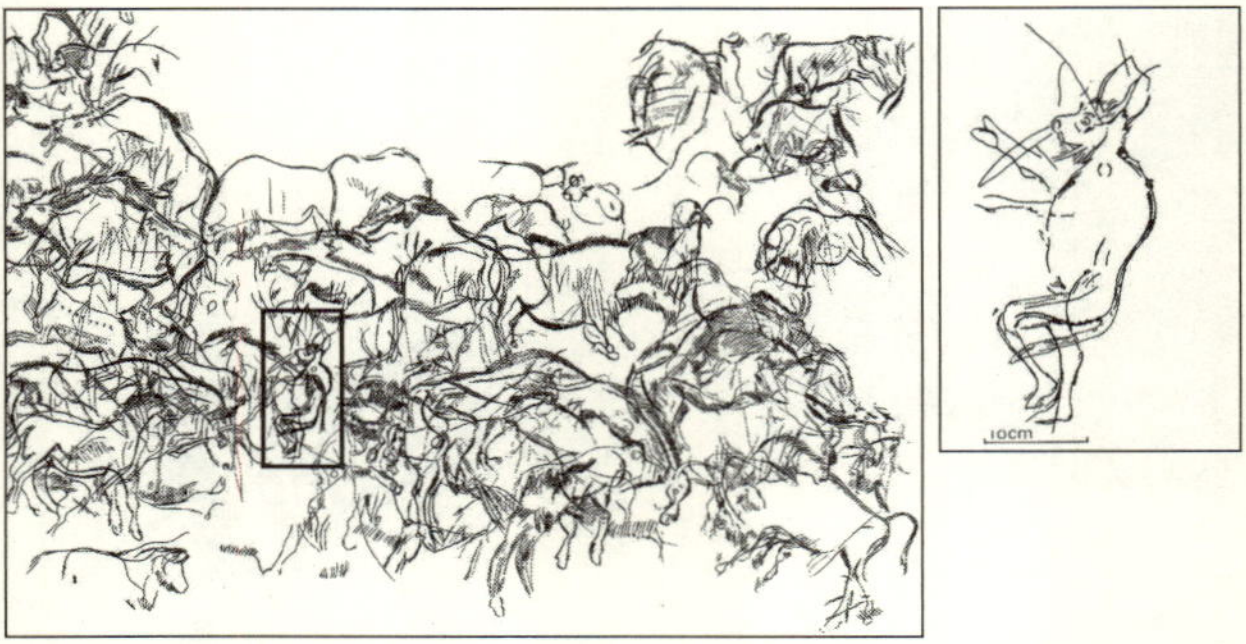

レ・トロワ＝フレール洞窟におけるバイソン－ヒト混成像（左図の中央左囲み、および右拡大図）［Breuil 1952 164-165; Vialou 1986 145］

以外にも、混成像と考えられる図形がある。フランス西南部のレ・ゼジーの東北一・五キロにあるレ・コンバレル洞窟（紀元前一万二九〇〇年）には不可解と分類される図が見られる。私自身この像を観察したが、狭い洞窟の壁に線で刻まれた高さ幅ともに約五〇センチのこの図形は大きな頭を持ち、鼻、もしくは牙が大きく彎曲《わんきょく》して前方に突き出し、身体はヒトのように細く、膝を折り曲げたような姿勢で立つものだ。大きな頭部と大きく彎曲した鼻と牙がマンモスの特徴を示すと考えられる。

同じレ・コンバレル洞窟におけるマンモスの刻画、あるいはレ・ゼジーの西北四〇キロあるルフィニャック洞窟（紀元前一万三〇〇〇年）に見られる写実的に描かれたマンモスの絵と比較すると、先の図形が現実のマンモスではなく、ヒトの特徴をも備えているマンモス－ヒト混成像である可能性が考えられる。さらに、直立したマンモスの図形がペシュ＝メール洞窟（紀元前二万四六〇〇〜一万八四〇〇年）からも発見されている。この図は黒色で描かれており、頭部から肩にかけての形状、明瞭に描かれた鼻、そして体の前から中央部にかけて下方に垂れ下がっている毛がマンモスの特徴を示している。しかし、細身の体の後部と、何よりも二本足で直立した姿勢はヒトの特徴を示す。したがって、この図もマンモス－ヒト混成像と考えられるのである。

また、レ・コンバレル洞窟壁画においては不確定、および不可解と分類される図形の中に、クマとヒトとの混成像ではないかと思われる図が見出される。これら三体の図の中で、中央と左の二体はヒトか動物かわからないため不確定とされている。しかし、頭部から突き出た口と、そこに見られる鼻先、頭の上にある耳のようなものは同じ洞窟に見られるクマの図形の特徴に似ている。さらに、これらの図が上半身は前かがみでありながら、下半身は二本の足で立っているかのような姿勢をとっていることから、これはクマ－ヒト混成像の刻画と考えられるかもしれない。

†なぜ混成像が描かれたのか

このように、フランス西南部から南部にかけての後期旧石器時代の中のグラヴェット期、ソリュートル期、マグダレニア期に相当する紀元前二万七〇〇〇年〜一万二九〇〇年の洞窟壁画に見られる動物とヒトとの混成像の図形を分析すると、これらの図形はシカ科、バイソン、マンモス、クマなどの動物とヒトとの混成像の可能性がある。

これらの混成像、特にシカ科やバイソンとヒトとの混成像は仮面をつけた魔術師、あるいはシャマンと呼ばれてきた。また、フランス西南部モンティニャック郊外にあるラスコー洞窟（紀元前一万八六〇〇〜一万七〇〇〇年）の井戸の間に見られる「ラスコーの鳥人」の図において、棒または槍投げ器の上についている鳥が現代のシベリアのシャマンと関連していることから、昏睡状態で倒れている鳥の頭をした男はシャマンであるとされてきた。したがって、混成像の図も同様にシャマンであると解釈されたのである。

これは、洞窟における動物の壁画自体が狩猟呪術のために描かれたものであり、狩猟に先立って動物の図形とともに死の呪文の象徴である記号を描き、儀式的踊りを行ったとされ、したがって、洞窟は聖地であり、これらの図形を描いた部族の芸術家たちは同時に呪術的儀式を行う部族の呪術師たちだったとされたことと同様の解釈に基づくものである。

もちろん、これらの解釈が、それまでの芸術のための芸術としての洞窟壁画という解釈とは異なる機能的視点を導入した点は重要ではある。しかし、その解釈は一九世紀進化主義者であるJ・G・フレーザーによる類感呪術《るいかんじゅじゅつ》という分類を適用したにすぎない。そして、これら呪術を行うのが民族誌に登場する魔術師、あるいはシャマンであることから、壁画に見られる混成像は仮面を被ったシャマンであると解釈された。そもそも、洞窟壁画の図形は動物かヒトか不確定か、そうでなければ不可解な形状として分類されており、その結果、頭部が動物で身体がヒトの図形は、仮面をつけたヒト、すなわちシャマンであるか、あるいは不可解と解釈されたのである。

しかし、ここに描かれた混成像は、ユーラシア後期旧石器時代の芸術家たちがまさに描いたとおり、彼らが認識していた動物なのではないだろうか。混成像は、動物であり同時にヒトなのである。人格を持つ動物という認識は初原的同一性の概念に基づいている。したがって、バイソン゠ヒト混成像はバイソンの仮面をつけたシャマンではなく、彼らが認識する存在そのものである「バイソン゠人間」の表現なのである。彼らは動物とヒトとを別々のものとして範疇化しながら、同時にそれらを「バイソン゠人間」、「マンモス゠人間」、あるいは「クマ゠人間」という同一の存在として認識している。また、複数の種類の動物からなる混成像であるレ・トロワ゠フレール洞窟の「魔術師」も、異なる動物もその本質は同じ人格であることを表現したものと考えられる。

2　神話の誕生と人間性の起源

†シャマニズムと初原的同一性

もちろん、この初原的同一性の世界観はシャマニズムの背景でもある。シャマニズムの実践は集団儀礼を通して、人間集団の維持、調整に直接関わってくる。カナダ北極圏のイグルリック・イヌイットのシャマンは獲物がとれない原因を、社会的タブーを犯したある特定の個人に対する獲物の主（海の女神であるタカナカプサルック、またアラスカ・エスキモーでは海獣の母としてのセドナと呼ばれる）の怒りによるものであることをセアンス（降霊儀礼集会）の場で公表することにより、個人の反省を求め、社会的秩序を維持する。同様にアイヌのシャマンであるトゥスクルは、飼育されている子グマの不調が社会的に違法とされる性的交渉などタブーの違反によるものであるとして、問題の裁定を行う。

実際、シャマンを描いたシベリアの岩絵の年代に基づき、シャマニズムの起源は紀元前二〇〇〇年の中頃と想定されている。したがって、約四万年前から一万年前のユーラシア後期旧石器時代に実際にシャマンがいたという可能性は低いかもしれないが、いなかったという証拠もない。もっとも、洞窟壁画における混成像は、シャマニズムの有無にかかわらず、人間と動物との両者の特徴を備えていることから、少なくとも動物と人間との初原的同一性の概念の表現となっていることだけは確かである。

そして、初原的同一性の認識があるということは、動物を人格化していることであり、そこには狩猟を通した人間と動物との間の互恵性の認識が確立していた可能性があることになる。人間と動物との間の互恵性とは初原的同一性の論理に基づき自然を人格化し、人間と自然との関係を贈与と返礼による相互関係として認識する思考である。すなわち、狩猟によって得た獲物は人格化された自然からの贈り物とされ、食料として人間社会の中で分配、消費され、これに対して人間は自然に対して返礼を行うという狩猟の論理である。

さらに、互恵性の認識があったとすれば、洞窟壁画に描かれた混成像は初原的同一性の哲学的表現にとどまらず、実際の神話の登場人物であってもよい。トナカイと人間との間の互恵性の起源の神話に登場する、トナカイから生まれ人間のおばあさんに育てられた、半分トナカイで半分人間である主人公の少年ベジアーゼは、トナカイから人間へ、そして人間からトナカイへと変身可能である。洞窟壁画の「バイソン－人間」の混成像が、他の写実的に描かれたバイソンの中で、それらと区別されて動物と人間との両者の特徴を併せ持ち、さらにバイソンの群れの中にひときわ小さく描かれていることから、彼はカナダ・インディアンの神話に登場するトナカイと人間とを仲介するベジアーゼのような両義的存在であると考えられるかもしれない。もしそうであれば、そこに動物と人間との間の互恵性の起源の神話が創造され、語られていたのではないかと推論することができる。

もちろん、ここではトナカイとバイソンという動物の種の相違はあるが、動物と人間との関係の認識は共通している。実際、同じアサパスカン語族に属するカナダ・インディアンで、さらに北方のツンドラ地帯を生活領域とする集団では、同じ神話の中でベジアーゼという神話的人物をトナカイではなくジャコウウシに対応させている。この地域では、トナカイよりもジャコウウシの方が、インディアンにとって生態的に重要だからである。いずれにせよ、現在の狩猟採集民に見られる初原的同一性と互恵性の認識という思考は、ユーラシア後期旧石器時代人にまで遡り得ると考えても矛盾はない。

自然の人格化とは自己による自然への共感であり、自己と他者とを区別しない同一性である。しかし、人間が自然を区別し、それを自覚した時が初原的同一性の認識の出発点だった。すなわち、二元性と同時に、同一性も人類に普遍的なこころであり、これらを自覚し統合する論理が初原的同一性なのである。

そのうえで、初原的同一性と互恵性からなる狩猟の世界観を確立させるため、自然と人間との間に神話的仲介者を登場させた時こそが、神話の誕生であった。神話は世界観であると同時に、動物の群れがまた戻ってくることへの願いでもある。人間性の起源は初原的同一性にある。そこから、自己と他者とは異なるものではなく本来同じなのだということ、したがってその関係は対立ではなく互恵的なのだというこころのはたらきが生まれる。他者へのおもいやりや生命に対するいつくしみの感情は、この人間性に深く根ざしているのである。

3　こころと進化

†言語能力の向上と世界観の確立

ユーラシア後期旧石器時代人が言語を使用していたことは、化石人骨の頭蓋底《とうがいてい》の形態的比較から支持される。もちろん、言語は社会的知能、道具使用とともに脳の容量の増加と情報処理能力の向上に依存しており、人類進化の過程で実際に脳容量が徐々に増加し、発声器官も漸進的に発達していることから、言語は二四〇万年前のホモ・ハビリスや一九〇万年前のホモ・エレクトスにまで遡るような比較的早い時期に発生したと考えられるかもしれない。しかし、発声器官と関係する頭蓋底の形状はホモ・エレクトスとネアンデルタール人の間でも明確な発達の程度の差が認められており、現代型ホモ・サピエンスにおいて言語能力が彼らの祖先と比較して、より発達こそすれ退化したということは考えにくい。

また、言語機能に関しては大脳両半球とも相補的な機能を果たすが、左半球にある複数の言語野のネットワークが重要であり、その機能相補性の特殊な非対称パターンのバイアスが進化し、側性化が見られるという結果となっている。さらに、前頭連合野は感情や意欲、思考など高い次元の内容を処理するという社会性に関連したいくつかの機能を持つ。したがって、言語や思考はヒトの大脳の側性化の進化と関連し、同一性と二元性との矛盾を論理的に説明しようとする初原的同一性の思考は、大脳の機能的進化の証拠そのものとなっている。そして、その発達により大きな情報処理能力を獲得したことが、四万年前の後期旧石器時代における洞窟壁画や石器の製作技法、使用法の急激な発展から裏づけられるのである。

ここで重要なのは、人類が洞窟壁画における混成像を描くことで、人間と動物とを範疇化し、人間とは何か、動物とは何か、そして人間と動物との関係はいかなるものかを認識したことである。範疇化は言語により、いっそう可能となる。言語による範疇化を通した世界についての認識の体系が世界観であり、同時に世界観は言語により表現され、継承されて、集団を個別文化として統合する。したがって、言語の使用により後期旧石器時代人は彼らの世界観を確立し、継承することが可能となった。神話の誕生は言語なくしては成り立たないのである。

実際、言語とは、人間が環境を類別、理解し、差し迫った問題の解決方法としての集合的適応戦略をとることを可能とする機能を持つ。すなわち、言語には集団内外における情報交換機能のみならず、世界観の確立と、行動指針としての文化の世代を越えた継承を可能とする機能があることになる。また、言語における記号計算能力の必要性がヒトの脳の再構造化をもたらし、知覚、運動、学習、情動などの素質パターンを産出しながら、言語と脳とが共進化したと考えられている。さらに、言語の起源とその多様化について論じているロビン・ダンバーは進化人類学的視点から、言語は血縁者を見きわめるためのきわめて社会的な道具であるとしている。

したがって、方言や言語が、特定の集団との帰属性（アイデンティティ）と結びつき、そこでの協力行動がより効率的に行われるのであれば、その集団は特定の遺伝子群と文化複合とを保持しながら、さらには脳と共進化しながら生存上、より適応的な生態学的地位を占めることが可能となるだろう。また、この脳との共進化には石器製作に必要な手の器用さや技能、さらには、予測、計画性、知性など行動的適応能と関連する機能も関係していたはずだ。その結果、彼らは様々な環境に適応し、多様な個別文化を展開することができたと考えられるのである。

†トナカイ狩猟活動系という戦略

北方アサパスカン・インディアンで明らかにされたトナカイ狩猟活動系は、北方狩猟民における人間と自然との関係の戦略的モデルの一つである。彼らの様々な生計活動は、トナカイ狩猟を中心にして、トナカイ狩猟活動系と呼ぶことのできる活動の体系として構成されている。これを成り立たせている原理は様々な活動の時系列に沿って、各個人がその個人差に応じて活動を時間的、空間的に配分、重積するという、北方森林における効率的生存のための主体的な戦略にある。

また、核家族からなる家計単位と、それらが共系的に結びついた狩猟単位が彼らの集団構造の基盤であり、トナカイ狩猟活動系を稼働させている主体でもある。三世代にわたる社会関係の中で、協力行動を通して資源の生産、分配、消費、次世代への知識と技術の伝達、集団の再生産が行われている。また、様々な狩猟に関するタブーやトナカイと人間との間の超自然的関係を物語る神話は、互恵性の認識や初原的同一性の概念というこころの社会性の基盤を彼らに確認させ、行動の指針となり、具体的な活動の配分や行動戦略を決定する。すなわち、彼らの集団構造や世界観はトナカイ狩猟活動系と不可分に結びついているのである。

後期旧石器時代の周氷河生態はヴュルム氷期とその終焉により特徴づけられる。ヨーロッパ北部は大陸氷床に覆われ、ツンドラ、ステップが広がっていたが、間氷期、そして氷期の終りには氷床は北に後退し、北方森林が広がる。東シベリアにおいても、ヴュルム氷期に対応するヴァルダイスキー氷期の前期ではツンドラ、森林、ステップに特有の動物相が見られる。古いほどマンモス、毛サイ、洞穴グマが特徴的であり、トナカイ、北極ギツネ、ウマ、ロバ、バイソン、サイガ、ジャコウウシがムスティエ期の遺跡から発掘されている。そして、後期旧石器時代にはツンドラ－森林の植生に伴うトナカイが一般的となる。

†気候変動に合わせた狩猟法

W・F・オールマンはアフリカのホモ・サピエンスの遺跡に見られる八万年前から六万年前の間に現れた複雑な形の道具、一万八〇〇〇年前のヨーロッパに現れた見事な洞窟壁画から、すでにこれらの文化を作る能力を持った現代型ホモ・サピエンスが氷河期による気候変動により社会の複雑さを変え、創造力を開花したのだと考えている。実際、社会を成立させるための互恵性、家族、政治、戦争、文化、言語の起源は七〇〇万年前にヒトの祖先と分岐したチンパンジー属においてすでにその萌芽《ほうが》が見られ、初期人類であるアウストラロピテクスはチンパンジー的な複雄複雌集団とそのサブグループとしての一夫多妻という重層社会を形成し、一九〇万年前から二〇万年前のホモ・エレクトスでは火の使用と、生存のための道具への依存があったと考えられている。

したがって、現代型ホモ・サピエンスにおける社会の複雑さとは、具体的には一夫一妻という形でのペアボンド（一雌一雄の結びつき）と、これらが共系的に結びついた複合的社会の形成ということになるだろう。ペアボンドの形成は雄間の競争を減少させ、集団としてより大きなエネルギーを生計活動へ振り向けることを可能とする。さらに、一夫多妻社会におけるように、男が集団の外へ出ていくのではなく、夫婦がペアとして集団を離れることで、彼らは母集団と関係を保ちながら、新たに居住域を拡大し、人口を増加させることができる。すなわち、ペアボンドの形成は集団の生産と再生産における新たな戦略となり、離合集散を可能とする狩猟単位という柔軟性を持った共系出自集団の成立を可能とするのである。

氷期と間氷期のくり返しは、アフリカに乾燥と湿潤という気候変動をもたらし、植物相と動物相に大きな変化を与えた。ヨーロッパではヴュルム氷期が終わり、氷床が北に後退すると寒冷な環境に適応していた毛サイやマンモスは北上した。また現在の動物と人間の生態学的関係から考えると、トナカイはツンドラと森林の間を、バイソンは森林とステップの間を季節移動し、カナダ・インディアンやパレオインディアン(古アメリカ・インディアン)に見られるように、ツンドラ－森林移行帯や、森林－ステップ移行帯での季節的、集中的狩猟が行われたはずである。

トナカイやバイソンのような大量の中・大型動物は南北一〇〇〇キロメートルにも及ぶ季節移動を毎年くり返すため、人間がこれを追って群れとともに生活することは不可能である。そこで、人びとは秋にはキャンプをトナカイの移動路に展開し、動物を待つ。そして、キャンプ間で移動してくるトナカイの地点に関する速やかな情報伝達を行い、できるだけ多くの狩人をその地点でのトナカイ狩猟に投入させる。こうして、トナカイの生産量を最大化し、さらにキャンプにおける肉の分配を通して、トナカイを獲ることのできなかった人びとの飢餓を防止する。また、トナカイが移動していなくなる夏のために、大量に獲得したトナカイの肉を乾燥、燻製《くんせい》、保存する。そして、森林の中の湖沼に移動し、漁撈活動により食料を獲得するのである。

西ヨーロッパのネアンデルタール人が比較的狭い範囲で一年中生活していたらしいということは、その地域に毛サイやマンモスなどの動物が多数生息していた時には適応的な生存戦略であったが、間氷期や後氷期の温暖気候による動物相と動物の生態の変化に対応するのは困難だったと考えられる。現代型ホモ・サピエンスが淡水での漁撈を行い、また北方ユーラシアにまで生活空間を拡大しながら、マンモスのみならずやがて優勢種となるトナカイの狩猟を行っていたこととは、ネアンデルタール人の生存戦略とは対照的だったと考えられよう。

†こころの生存戦略

サピエンス化には柔軟性を持った社会構造と、初原的同一性と互恵性という人間と動物との関係の思考、情報伝達手段としてのみならず世界を範疇化し集団の帰属性の道具となる記号としての言語、道具の開発、軽量化、効率化、将来を予測し計画する知性などが必要とされた。

これらヒトのこころの能力は、氷期と間氷期のくり返しの中で、変化する環境への生存戦略として、時間をかけて進化したと考えられる。動物と人間との関係の生態的不確定性に対しては、動物の生態に対応した集団の離合集散と、情報伝達とわかちあいのこころに基づく食料の分配という生存戦略が必要になる。

さらに、動物と人間との両義性を持つ仲介者の神話を創造し、季節移動する動物の群れがまた戻ってくることを願い、この世界観が生態的関係を理念的に操作しようとする行動戦略としてはたらいた。こころの生存戦略が人類の進化を可能としてきたのである。

第三章

アイヌの熊祭り

1　カムイと呼ばれる自然

†アイヌの世界観

アイヌは本来、北海道、樺太《からふと》、千島《ちしま》に居住する狩猟採集民である。彼らはサケ、シカ、クマ、野生の植物を生活の基盤としていたが、北海道西南部では植物栽培も行っていた。最近の遺伝人類学的研究によると、アイヌはモンゴロイドであり、一万六五〇〇年前から日本列島に住んでいた縄文人のみならず、三、四世紀から一四世紀にかけ樺太から北海道東北沿岸部に渡来したオホーツク人とも関連があると考えられている。

一四世紀中ごろに記された『諏訪大明神絵詞《すわだいみょうじんえことば》』には、アイヌと思われる人びとに関する記述が現れ、しかも、これらのうちある者は津軽海峡を越えて奥州津軽《おうしゅうつがる》外の浜に往来し、交易活動をしていたと記されている。また、北海道渡島《おしま》半島には、安東政季《あんどうまさすえ》が津軽より武田信広を随えて一四五四年に渡った。武田信広は蠣崎季繁《かきざきすえしげ》を継承し、津軽安東家領下松前地方の代官となり、後に松前藩の藩祖となった。一六〇四年には、徳川家康から松前慶広《よしひろ》に黒印状が発給され、松前藩にアイヌとの交易独占権が認められた。

江戸時代（一六〇三〜一八六七年）を通して、アイヌの生活は幕藩体制のもと交易経済への比重を増す。一八六八年の明治維新以降、新政府は北海道開拓を進めた。当時の政府の政策は農業の推進だったため、アイヌの生活は狩猟採集から農業へと転換した。現在、一八九九年に制定された「北海道旧土人保護法」に代わり、一九九七年に新たに制定された「アイヌ文化の振興並びにアイヌの伝統に関する知識の普及及び啓発に関する法律」により、アイヌの文化振興が進められている。

かつて、知里真志保《ちりましほ》は『日本文化財』という雑誌で「アイヌ語のおもしろさ」という論文を発表したことがある。この中で、夕方になって風が少し止む時、すなわち夕凪《ゆうなぎ》をアイヌ語で「レラ　オヌマン　イペ（風が夕方に食事する）」というと紹介している。風も人間同様、夕方になれば食事をとるという考え方だ。そのことから、私たちは気象学的には物理的な空気の流れである風をアイヌはどのように捉えているか、すなわち風は魂を持った生き物で、人間同様、夕方になれば夕食をとるために休むのだと考えている、ということがわかる。さらに、私たちもこのような見方で風を一度見てみることで、今までとは違った世界が見えるかもしれない。

アイヌの世界観において、自然は霊的存在であるカムイとして認識される。動物や植物はそれぞれの種のカムイの現れである。アイヌ（人間）とカムイ（神々）はそれぞれアイヌ・モシリ（人間の世界）とカムイ・モシリ（神々の世界）という別々の世界に住んでいる。カムイは神々の世界では人間の姿をしている。しかし、カムイが人間の世界にやってくる時には、仮の姿としてそれぞれの動物や植物の姿をとる。したがって、カムイは神々と訳されるが、むしろ人格化された自然である。現象的にはアニミズムということができるが、分析的には初原的同一性の概念に基づいた自然の人格化である。

†アニミズムの実態

このアニミズムの実態をL・シュテルンベルクは一九世紀末の樺太において、シャチをめぐるニヴフとの会話を通して記録している。ニヴフはギリヤークとも呼ばれ、沿海州アムール河下流域から樺太北半にアイヌと接して居住する漁撈・狩猟民である。樺太沖にはシャチが回游する。シャチの群れはリーダーである大ジャチと若い小ジャチたちからなり、集団でクジラを狩る。

これについて、あるニヴフが「大ジャチに従う小ジャチはじつは大ジャチの剣にすぎない」と話すのを聞いたシュテルンベルクが怪訝《けげん》な顔をしていたら、このニヴフは次のようなことを言い出したという。すなわち「主《ぬし》たる大ジャチの剣にすぎないものを、あなたはまるでシャチのように思っているだけであり、また同じように、大ジャチの方も本当は正真正銘のニヴフの姿をしているのであって、私たちが海獣と見ているのはこのシャチ・人間の乗るただのボートなのだ」というのである。

シュテルンベルクは、このアニミズム的世界観を有するニヴフにとっては、生命と理性のない自然などあり得ないのであり、いわば全自然が人間的属性を備えており、もしニヴフがヘーゲルの有名な言葉を引き合いに出せたとするならば、彼らはヘーゲルよりはるかにもっともらしく、「現実はすべて理性的である」と述べるかもしれないと記している。すなわち、ニヴフもアイヌと同様、自然はその本質である霊的存在の仮の姿にすぎず、その霊的存在自体も本当は人間の姿をしているのだと考えていることがわかる。

アイヌの世界観は、人間とカムイという二元性に基づいている。さらに、熊祭りのように社会的に統合された儀礼の場で、人間とカムイとの間の互恵的関係——カムイ（クマ）からの贈り物としての肉、毛皮、胆嚢《たんのう》を人間が受け取り、人間からの返礼としての酒、幣《ぬさ》（イナウ）、餅（シト）をカムイに贈るという贈り物の交換を通した関係が結ばれ、またその継続が約束される。同時に、儀礼は人間とカムイそのものとしての動物との間の初原的同一性を演出する場ともなっている。人間とカムイとは共有される時間と空間において、この饗宴を享受するのである。

儀礼が終わると、人間とカムイとは概念的に分離される。しかしアイヌは、動物はカムイの世界では人間の姿をしていると考えている。彼らはアイヌと同じように狩猟し、漁撈し、家事を行い、子どもを育て、さらにはカムイへの祈りの儀礼さえ行って生活しているとされる。現実の世界における動物は、単にカムイの仮の姿にすぎない。このように、アイヌもまたニヴフやカナダ・インディアンと同様、人間と動物とを本来的に同一のものと見ているのである。

2　熊祭りはアイヌとカムイの饗宴の場

†熊祭りの儀礼

アイヌの熊祭りは一八世紀初頭の一七一〇年、松宮観山《まつみやかんざん》が記した『蝦夷談筆記《えぞだんひつき》』以来、しばしば日本の北方探検家たちによって記録されてきた。とりわけ、一八世紀中頃の竜円斎小玉貞良《りゆうえんさいこだまていりよう》による『蝦夷国風図絵《えぞこくふうずえ》』、一八世紀末の村上島之丞秦檍丸《むらかみしまのじようはたあわきまろ》による『蝦夷島奇観《えぞしまきかん》』には、熊祭

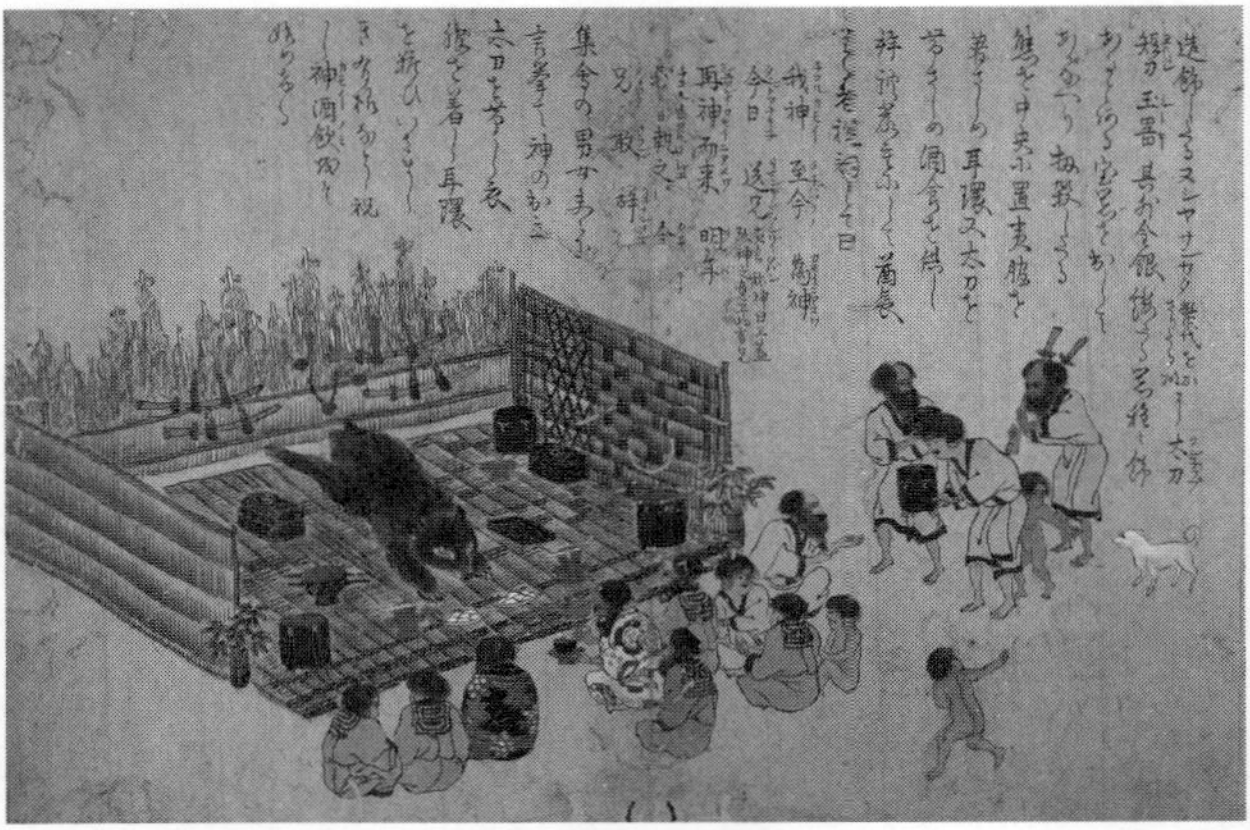

アイヌの熊祭り（村上島之丞秦檍丸『蝦夷島奇観』1799年、東京国立博物館所蔵、TNM Image Archives）

りの過程を描いたいくつかの絵が含まれており、二〇〇年から三〇〇年前のアイヌの熊祭りの様子を知るための貴重な記録となっている。

熊祭りはアイヌ語でイオマンテと呼ばれ、「物（イ）を送る（オマンテ）」の意である。この場合の「物」とはクマ、すなわち山の神（キムン・カムイ）を婉曲に言ったものだ。また、「送る」を意味するオマンテという言葉は、ホプニレ（送る）と同様、クマのみならず、キツネ、タヌキ、フクロウ、カラス、ワシ、カラス、スズメなどにも用いられる。山で狩猟したクマを家へ持ち帰り、その霊を送るのはオマンテで、子グマを飼育し、これを屠殺して、人びとを招待し盛大な祭りを行うのは、特にカムイ・オマンテ（神・送り）、あるいはイオマンテという。

したがって、アイヌの熊祭りは、狩猟された野生のクマ送りと、生け捕りにされ飼育された子グマの送りという二種類が併存し、「送る」という意味のアイヌ語はオマンテ、もしくはホプニレであるが、一般的には狩猟された野生のクマ送りはカムイ・ホプニレ、飼育された子グマのクマ送りはカムイ・オマンテ、あるいはイオマンテと呼ばれる。もちろん、カムイ・ホプニレもイオマンテも、送りという儀礼の基本的な意味は同じである。差違は対象が野生のクマか、飼育されているクマかの違いによる。

さらに、熊祭りは山の神であるクマの霊の送り儀礼だが、それが熊祭りのすべてではない。クマの霊を送ることと並行して、遊戯や饗宴を含むアイヌの生態、社会、世界観に関わる様々な活動が展開され、祭りとしての特別な場が作り上げられ、そこに霊の送り儀礼以上の意味を持たせている。

†アイヌにとっての狩猟の意味

アイヌの熊祭りは北半球に広く見られる熊崇拝、より正確にはクマに対する敬畏《けいい》、の一環であり、北方研究という視点からは一九世紀から二〇世紀の、フランスの後期旧石器時代の狩猟民と北極のエスキモーとを結びつけようとした試みの産物である周極文化《しゅうきょくぶんか》研究の延長線上に位置づけられる。

アイヌは狩猟を、狩猟対象動物が人間の国（アイヌ・モシリ）を訪問する行為であると認識している。ここで、狩猟対象動物とは肉と毛皮をかぶった神（カムイ）であり、肉や毛皮などを土産物として人間に贈り、人間からは礼拝と接待を受け、幣をはじめとする土産物を受け取り、神の国（カムイ・モシリ）に帰還すると考えられている。

この訪問に際して、狩猟犬は火の姥神《うばがみ》（アペフチ）の招待を狩猟対象動物であるクマ（山の神、キムン・カムイ）に伝える使者である。なお、火の姥神はアイヌの家（チセ）の炉に住み、人間の言葉をカムイに伝える仲介者として重要な神だ。さらに、矢毒の神（トリカブトの女神、スルク・カムイ）は使者であると同時に、狩猟対象動物にアイヌの国を訪問させるよう積極的にはたらきかける実行者としての機能を持つ。カムイ・ユーカラ（神々の物語）では、このことをカムイ自らが一人称で次のように語っている。

†カムイ・ユーカラでの描写

小さい貉《むじな》の自叙（カムイ・ユーカラ一六、久保寺一九七七）、および戸口の神（貉）の自叙（カムイ・ユーカラ一七）で、山の神の召使といわれるエゾタヌキが、私の祖父と呼んでいるクマと越冬穴にいるところへ狩猟犬がやってくるが、この時の犬の様子を、犬たちが、（私たちの）家の戸口のところで、頭を揃えて、我先にと、「火の姥神様が、私を使いによこしたので、やってきたのです。」と、いいながら、争い合うようにして、伝言を述べたところ（カムイ・ユーカラ一七）

と叙述する。この後、山の神には矢が当たり、また、貉は生きたまま捕らえられて人間界に行くという話になる。

また、トリカブトの女神は火の姥神の使者として山の神に伝言を届け、招待をするという積極的役割を持つ。すなわち、矢に射られた山の神は、その自叙の中で以下のように述べる。すなわち、

その時、付子《ぶし》（トリカブト）の神、我が前に出現し、火の女神の、使者として言ふこと、かくありけり……、「いや重き大神よ！　心のどかに、我が許《もと》に遊び給《たま》へ、然《しか》らば、ゆつくり物語に興じて、我ら相見ゆ、べし。と、火の女神、我を遣《つか》はしめて、我は来れる、なり。」と（カムイ・ユーカラ六）

山の神は最初これを拒絶するが、さらに、

松脂《まつやに》の神、立ち現はれ、付子の神、とともに、我が下肢に、我が手先に、我が足に絡みつき、我が手をとらへて自由を奪ふ（カムイ・ユーカラ六）

と語られるように、松脂の女神（ウンニトゥックク・カムイ）が現われ、山の神（クマ）の自由を奪う。そして、山の神は倒れ伏すが、気がつけば自分は立木の枝の上に手と脚を下げており、下には老グマが身を横たえているのを見る。ここで登場する松脂の女神とは、矢毒材料のトリカブトと混ぜて、あるいはその上に塗ることによって竹製の鏃《やじり》にトリカブト毒を固定させるのに用いられる松の樹脂だ。アイヌの狩猟観では、この松の樹脂は、トリカブトの女神とともに山の神の手足に絡みついてその自由を奪い、人間界への招待を実現させるという機能を持つ。

使者により火の姥神の招待の伝言を届けられた山の神は、クマの体（皮、肉、胆嚢）と分離し、この贈物を運ぶ人間の狩猟者とともに人間の里（アイヌ・コタン）に下りていく。ここで、家の外にある幣所と家との中間に坐らされ、

黄金の小袖《こそで》、六枚の小袖、を重ね着して帯をしめ、六枚の小袖を、その上に羽織り、捩《ねじ》れ

アイヌの熊祭り、樺太アイヌ（昭和初期、1920-30年代、北海道大学付属図書館所蔵［資料撮影筆者］）

曲がれる杖、黄金の杖を、手につきつつ
（カムイ・ユーカラ六、一六、一七）

家の外に出てきた火の姥神に出迎えられ、招待を受諾した礼を述べられて、神窓《かみまど》から家の中に入り上座につき、酒、幣、粢餅をもらい、その後、神の国への帰路につく。

†熊祭りの互恵性

人間の国から神の国へ送られた山の神は、人間から届けられる酒、幣、粢餅により今度は神の国で自ら神々を招いて饗宴を催し、いよいよ神《かむ》さびて（神格を高めて）暮らすことになる。また、山の神は、人間の所へ賓客《ひんきゃく》となっては神の国へ帰ってきて盛大なる宴を催すのを常としているとの叙述に基づけば、熊祭りに際し人間から贈る土産物によって山の神を再び人間界に訪問させようという意図がうかがえる。

さらに、子グマの捕獲、飼育、熊祭りの準備、子グマの儀礼的屠殺、大饗宴、神送り、小饗宴という一連の過程から構成されるアイヌの飼育グマの熊祭りは、人間と山の神との間の互恵性を反復的なものにするための行動戦略の一環として捉えられる。飼グマ送りの特徴は、子グマが長期間、居住地で飼育されることで、思考的には山の神の人間界における長期滞在を意味する。山の神と人間との間の互恵性という観点からは、それは子グマを人間の国に置くことによる両者の関係の継続を意味する。

さらに、子グマを送る時、祭司は子グマに対し、おまえがカムイの国に帰ったら、父グマ、母グマ、そしてヌプリコル・カムイと呼ばれる山岳を領有するクマの首領の所に行き、今度人間の国を訪問する時には、配下のクマをこのコタンに来させるようにというのですよ、と伝言を託す。したがって、この子グマはメッセンジャーとしての役割を持っている。母グマ、父グマ、そしてクマの首領に伝言を届け、将来の狩猟の成功を約束をさせるのだ。

これは、熊祭りが冬に行われ、この祭りが終わると春の山猟の準備をして出かけることと矛盾しない。すなわち、飼育されたクマの熊祭りは狩猟に先立つ先狩猟儀礼として位置づけられる。飼育グマの熊祭りは、人間と山の神との間の互恵性を双方に再認識させ、次に山の神による互恵性の実行、すなわちクマが人間界を訪問すること（＝狩猟の成功）を要請する祭礼である。したがって、その背景となる動機は、カムイと人間との間の互恵性の反復への人間による積極的なはたらきかけの意思であり、この意味で、熊祭りを狩猟の行動戦略の一環として位置づけることができる。

3 序列化社会における平等原理

†熊祭りの席次

アイヌの熊祭りで特徴的なのは、その場において、参加者の座席の位置とその交替や交換という儀式を通した社会的序列と平等原理が現われていることだ。特に、沙流《さる》地域に見られるようにこれは複雑な儀式となっている。すなわち、神窓のある屋内の東側の壁に沿って並べられた行器《ほかい》の両側にそれぞれ賓客と主人とが向かい合って座るが、賓客は上座である東側に、主人側は下座である西側に座り、さらに、中心を上座とし、その両側に席次が配置される。

熊祭りが父系出自の祖印《そいん》を同じくするシネイトクパ集団による儀礼であることから、理論的には賓客は主人と同じ父系出自集団に属し異なる地域単位から招待された村の長たちや男たち、あるいは女の婚出先の別の父系出自集団に属する夫たちである。主人側から賓客側への杯に続き、杯の献酬《けんしゅう》が六回くり返される。その後、古老たちと若者たちとの席の交替が行われ、同じことがくり返された後、再び古老たちが席に戻ると、行器を宝にする儀式が行われ、賓客に対して幣が贈られる。

次に賓客と主人との座席の交換が行われ、下座についた賓客から上座の主人に対してお礼の言葉を述べる儀式があり、杯の献酬が続く。その後、神窓と炉の間では男の若者が杯の献酬を行い、また炉の南座では、行器をはさんで賓客側の妻女たちと主人側の妻女たちが、古老たちと同様に幣を贈る儀式を行い、杯の献酬の後、座席の交換をし、さらに杯の献酬が行われる。

ここでは主人と賓客、村の長の間の序列、地域単位内の人びとの序列、古老と若者、男と女という社会的差異に基づいて席次が決められ、杯の献酬が行われる。しかし同時に、古老と若者の間、賓客と主人の間で席の交替と交換が行われ、また、女たちの間でも同様の儀式がくり返される。すなわち、ここには社会的序列という原理のみならず、それを逆転させるような平等原理が同時にはたらいていることが明らかになる。

†アイヌ社会の序列化と平等原理

アイヌ社会では、松前藩や幕府との政治−経済的関係の中で、乙名《おとな》(オトナ、本州の庄屋に相当し、松前藩より命を受けアイヌたちを従わせる役目を持つ）などの役アイヌが交易活動を経済的基盤に置き、アイヌ社会における特権を行使し、序列社会を維持してきた。他方、アイヌ社会には、狩猟採集社会に見られる徹底した平等原理も認められる。したがって、これら相互に矛盾する社会の構成原理が、熊祭りの席次とその交替、交換を通して併存し、一つの儀式を形成しているといえる。

これと同様の状況はクマ肉の分配にも見られる。熊祭りにおいて、クマ肉の饗応《きょうおう》が行われるが、この時のクマ肉の分配は個人単位で全員に、ただし序列の上位にある者ほど良い種類の肉があたるように分配される。なお、共同でのイトウ漁における漁獲物の分配は、魚を大きいものから小さいものへ順に並べ、家の格式順に大きいものから取っていくというように、家単位で公平に、ただし家の格式によって差があるように行われる。これに基づけば、漁獲物の分配と熊祭りでのクマ肉の分配には、その分配物と分配対象の単位は異なっているものの、ともに平等原理と序列原理とが併存した方法が用いられている。

アイヌが交易のために、本州の奥州津軽、出羽《でわ》の国のアキタなどに来ていたことは延文年間（一三五六〜一三六〇年）に記された『諏訪大明神絵詞』や、松前に滞在したイエズス会神父ルイス・フロイスの書簡（一五六五年）、ガスパル・ビレラの書簡（一五七一年）から知ることができる。もっとも、一五九九年以後の松前藩治時代、幕府直轄時代を通して、とりわけ一七二〇年の交易知行制《こうえきちぎようせい》から場所請負制《ばしょうけおいせい》への変化により、交易は献上品を含む交易品生産活動へと質的に変化していった。

交易品は一六二一年の記録ではアイヌが松前に持ってくる品物として乾魚、鰊《にしん》、白鳥および鶴——生きたもの、死んだもの、または乾したものなど——、鷹または他の猛禽類、鯨、オットセイの皮、ラッコの皮、オットセイの油で、これらは米、絹製、粗絹製、木綿製の衣服と交換された。一七二〇年には沙流地域の産物に干鮭、鹿の皮、榀縄《しななわ》、秋味《あきあじ》（サケの塩引）などが記され、サケ、シカ、シナノキなどが交易品に入っていることがわかる。

一七八一年の『松前志』には熊皮《くまがわ》、熊胆《ゆうたん》が共に藩主より幕府への献品であり、熊胆が薬品となり、熊皮は蚤虱《のみしらみ》が生じないことが記される。しかし、沙流（佐留）場所の産物として熊胆、熊皮が登場するのは『東蝦夷地各場所大概書』（一八〇九年）であり、一八五七年の『入北記《にゅうほくき》』に至って、「御軽物買入値段調《おんかるものかいいれねだんしらべ》」の項目に、飼鷲尾、穴熊胆、野熊胆、穴熊皮、野熊皮など、クマの胆嚢や毛皮が交易品として記される。

また、アイヌへ売渡された品物として、玄米、酒、麹《こうじ》、濁酒《にごりざけ》、煙草が上げられている。なお、穴熊とは越冬穴にいたクマ、野グマとは野外にいたクマを意味し、ともに狩猟による獲物であり、飼育されたクマの熊胆や熊皮が産物として登場するのは沙流地域では明治以後となる。よって、少なくとも沙流地域では、交易品における熊胆、熊皮の地位は、一四〜一七世紀までに比べ、むしろ一八、一九世紀以後その重要性が増したと考えられる。

交易は、松前藩がアイヌの村の長に乙名、小使《おつかい》（オツカイ。運上屋《うんじょうや》の支配人、番人の命を受けてアイヌを呼び集め、仕事を配合する役目を持つ）などの役名を与え、経済活動は松前藩に運上金を納めた商人との間で行われた。したがって、乙名は松前藩との政治的関係における各地域のアイヌ側の代表者であり、交易活動のリーダーシップをとった。

沙流川地域では、一七九一年の『東蝦夷地道中記《ひがしえぞちどうちゅうき》』には一一居住地名の内六居住地に乙名、脇乙名《わきおとな》、小使、長蝦夷などの役名と八名のアイヌ名が見られ（ヒラカ村には乙名、脇乙名、小使の三名が配置されている）、一八五八年に松浦武四郎《たけしろう》の記した『戊午東西蝦夷山川地理取調日誌《ぼごとうざいえぞさんせんちりとりしらべにっし》』には沙流川の下流から上流の一〇居住地に惣乙名、脇乙名、乙名（並乙名）、惣小使《そうおつかい》、土産取《みやげとり》などの役名と一五名のアイヌ名が記されている（ヒラカ村には惣乙名、惣小使、並乙名、土産取、シュラシュッ村、サラバ村には乙名と土産取、ホロサル村には脇乙名が配置されている）。

さらに、沙流川下流のシュラシュッ村の乙名については、「此家場所内第三番の大家にして、凡九間四面も有。行器凡八十、太刀《たち》百振、槍五すじも飾りぬるなり」とあり、また、沙流川上流のホロサル村の脇乙名については、「此家場所第一の大家にて凡十間四方も有、家には行器を凡六七十、太刀の百振も懸《かけ》たり。前に蔵《くら》有。年々雑穀《ざっこく》凡三十余俵ヅヽとるといへり」と記載され、乙名などの社会的、経済的優位性は明白である。

†食料の再分配

ここで指摘したいのは、乙名たちが交易によって得た富が、熊祭りを通して人びとに再分配されているということだ。クマ肉の饗応に伴って、餅、酒、乾鮭などが準備される。餅は米、粟《あわ》、黍《きび》などを杵《きね》でついて作られ、酒は交易で入手した米と麹を原料に醸造され、人びとに振舞われる。酒を醸すための行器、飲むための高杯《たかつき》やそれを乗せる膳《ぜん》などもすべて交易で得られた富である。

なお、餅の数は日高では各家が作り、村の長の所に届けて一〇〇〜一五〇個、十勝では雄グマの時は五〇個、雌グマの時は六〇個、釧路《くしろ》では二〇〜三〇個が用意される。また、酒は釧路ではノイキシントコという大酒桶に三、四本造るのが普通で、五、六本に及ぶものもあったという。

さらに、十勝川上流での熊祭りが順番制で一巡して終わるのにかなりの日数がかかり、一カ月程も要したことから、熊祭りの期間を通してかなりの量の富が、地域単位内部のみならず、父系出自集団内で再分配されていたと考えられる。また、熊祭りにやってきた人びとは、クマ肉の他、その土地で採れた昆布やカレイの干したもの、貝殻などを体の達者な若者たちが背負いどっさり貰っていくとされるように、熊祭りを通して食料品の贈答が個人や家族レベルでも行われていることが確認できる。

熊祭りでの富の再分配は生態学的には富の偏在の平準化であり、この仕組みの中で、乙名たちはそれぞれの地域単位内における威信を得、その規模により、さらに地域単位間での序列を競うことになる。したがって、ここでは威信と富とが交換されているのである。

もちろん、熊祭りの主催者である乙名たちはこの交易による富が山の神であるクマなしには得られなかったことを承知しており、そのため、クマからの贈り物であるクマの毛皮と胆嚢によって交換された宝物（イコロ）と呼ばれる行器や太刀、あるいは衣服などの威信財に幣をつけて飾り、社会的に誇示するのみならず、クマがそれら宝物の魂を土産に持って帰るために供える。そして、クマが再び訪れてくれることを祈り、再びクマからの贈り物を交易することで、さらに富を得ることを可能とする。威信財としての宝物は外部社会からもたらされ、社会内部においては力の象徴となっているのである。

したがって、熊祭りは狩猟を通したアイヌとカムイとの間の交換と、交易を通したアイヌと外部社会との間の交換とが不可分に結びついた連続的交換体系の全体を、社会的序列と平等原理を背景に表出する場となっているのである。

4　共生とおもいやりのこころ

†「神の肉」を共食する

飼育された子グマの熊祭りにおいて、子グマが広場をめぐり、矢を射られ、二本の丸太により絞殺されるという狩猟の場面が演じられ、その後、肉体から分離したカムイはクマの両耳の間に座っていると考えられ、賓客として祈りと供物を捧げられる。すなわち、ここではクマを殺すことと、賓客として迎えるという相互に矛盾する行為が、クマは動物であると同時に人格であるという初原的同一性の論理により正当化され、その過程がまるで演劇のように演じられ、人びとはこの活動に自ら参加する。そして、アイヌとカムイとは共有される時間と空間においてこの祝宴を享受するのである。

さらに、熊祭りにおいて、ある若者はクマの真似をし、儀礼の過程を再び演じる。この「アイヌ（人間）・ペウレップ（子グマ）」と呼ばれる遊戯の演者は社会的に認められたシャマンではなく、むしろ変人や元気な若者が選ばれるという。しかし、クマと人間との変換という意味で、その本質はシャマニズムと類似する。ここで重要なことは、人間がクマとなる演出で、子

アイヌの熊祭り、叉木の上に熊頭骨を掲げ衣装を着けたカムイと人びとが共に踊る

グマがカムイという人格に変換されたのと逆方向の変換により、カムイとアイヌとの本質的同一性が表現されることである。子グマに晴着を着せ、耳飾りをつけ、さらには神送りのため叉木《またぎ》に飾りつけをした頭骨《とうこつ》を掲揚し、着物を着せて踊らせることは、目に見えぬカムイさえも本来は人間の姿をしていることの演出である。

また、クマ肉を食べ、血を飲むのは、現実の体感を通して人間がクマと同一化することでもある。血がカムイの薬であり、舌の軟骨が雄弁を可能にするとされているのは、クマとの同一化により人間がクマになり、その力を得ることができると考えられているからだ。熊祭りは単にクマを送るのではなく、カムイとアイヌとの同一化の表象の場となっているのである。初原的同一性の演出は神と人間との関係のみならず、人間と人間との関係にも見られる。席次とその交替、交換の儀式は主人と客人、古老と若者の立場を逆転させることで、人間の本質的同一性を体感させる。

若者が古老の席につくことは、儀式の経験を通して伝統社会の規範を若者が学び、同時に古老が若者を認め、社会の将来を彼らに託していることを若者に認識させ、古老も若者も同じ人間として社会を作っていくことを相方に確認させる。また、主人と客人との関係は固定したものではなく、次の熊祭りには逆転する。彼らの間の酒杯の献酬、席次の交換、贈答の儀式はこれらの象徴的活動を通して、彼らの間の社会的平等原理に基づく互恵的関係を相方に認識させることになる。

クマ肉の分配と共食は神の肉を人びとが食べることにより、神と人間との同一化のみならず、同じ神の肉を分け合って食べることで、人間同士の結合を体現させる。同じ火によって料理されたものを分け合って食べることにより、同じ火の姥神を母に持つ乳兄弟となると考えられていることから、祭りの参加者の同一性と結合の共感を可能としているのである。

†アイヌ世界のすべてが結集

アイヌの熊祭りにおいては、綱引きや弓矢を用いた射術競技が広く見られる。また、樺太アイヌでは、頂部が二叉に分かれた高い柱に縄を投げて引っ掛け、幹をよじ登る競技が行われる。さらに、ニヴフの熊祭りでは、相撲、縄跳び、高跳び、切り株に座ったままで床に置かれた椀の水を飲む競技、後方に身体を曲げる競技、犬橇の競争など様々な競技が行われる。

競争的遊戯は、対立とその解消により、異なる世界の結界を解き、初原的同一性の場を創出する装置である。

アイヌの熊祭りにおける綱引きは、男と女、男たち、あるいは山の者と川沿いの者という対立的範疇の衝突と和解により、彼らが同じ人間であることを共感する場を作り出す。北海道東部網走《あばしり》においては、クマの絞殺後、クマを結んでいた縄を輪にして男女が踊りまわる。その後、男女に分かれて綱引きが始められ、中間より切断される。また、釧路では男が二人で引き合い、途中で古老が小刀で綱を切り、引き合っていた二人は後ろにひっくり返り、観衆は大笑いして終わる。綱を切るのは、縄の霊が切られることにより自由となり、子グマと一緒に神の国に送られるようにするためとされる。しかし、同時に、綱引きで綱を切るという演出は対立と同一化のメタファーともなっている。

また、そこでは、送られるクマが雄グマならば男組が勝ち、雌グマならば女組が勝つというように、神も参加し、アイヌとカムイとの境界も取り払われている。また、勝ったらクマが獲れるという猟運は、料理され細く切られたクマの腸の長さをあてる運試し、射術競技による運試しと同じく、幸運の贈与である。これらの幸運が社会的序列にはよらず、偶然的要素を含む遊戯によってもたらされることは、人間同士の同一性の確認の場を創出することになる。

熊祭りにおいて幣を捧げ祀られる神々は送られるクマのみではない。地域により幣所の構成と神々に変異はあったとしても、時間的、空間的に広がるアイヌの世界を構成する神々が祀られ、それらすべての神々は熊祭りに参加していることになる。歌と踊りは動物の神々の真似を通して、人間と神々との同一性を演出し、神々がこの場を共有していることを体現させ、男も女も輪になって歌い、踊ることで祭りの進行の原動力を生み出す。さらに、祖先供養は死者の世界と現世とを結びつけ、彼らが熊祭りの場に参加することを可能とする。ユーカラを語ることで、人びとは人間と神々の起源にまで神話的時間を遡り、自己の帰属性を再確認する。したがって、熊祭りの場には神々とアイヌ、さらには交易を通して結ばれる外部社会に至るまで、アイヌの世界のすべてが結集しているのである。

さらに、歌と踊りの間、目の不自由な青年を踊りの輪の中に入れ、その音頭で賑やかに歌ったり踊ったりし、また女たちが何度もかわるがわる踊りの輪から抜け、盲目で耳の工合も悪いため家の中の炉辺に座る老婦人に、熊祭りが今どのあたりまで進んでいるかを告げることは、人間が同一性の感覚の中で、弱い者にも同じ人間として手を差し伸べ、祭りに参加させようとしていることを示す。熊祭りの場は共生とおもいやりのこころというアイヌの世界の象徴的、かつ具体的表現の場なのである。

熊祭りは自然と超自然との結界を解き、その間をアイヌとカムイとが自由に往来するシャマニズム的世界観に支えられており、この意味でシャマンなきシャマニズムの実践である。これにより、熊祭りはアイヌの世界の表現となり、世界の対立と同一化の演出を通して初原的同一性と互恵性、共生とおもいやりのこころを体現する祭りの場となっているのである。

第四章　コリヤークとトナカイの神

1　すばらしい時代

†トナカイ遊牧の起源

マリーアの家は村のはずれ、小川を渡った林の中にあった。私は川で遊んでいる子どもたちのボートを借りて小川を横切ると、対岸の高台へと登っていった。顔に多くのしわが刻まれた彼女が私と同じ年であることに驚き、同時に親しみを覚えた。彼女もまた同じ感情を持ったはずだった。そして、彼女は、「どのようにして最初、トナカイが人間のところに来たのか」というトナカイの神話を語り始めた。

それはすばらしい時代でした。たくさんの人びとがおり、また、その中のある者たちはシャマンでもありました。子どもたちは、家のまわりで遊んでいました。彼らは枝を折りとり、それでトナカイを作りました。そして、たがいに「トナカイ遊びをしよう」といいあいながら遊んでいました。彼らは誰がシャマンになり、かわったことをするのだろうかということについて話しあっていたのです。やがて、夕方になり、子どもたちは遊びをおえて家に帰って行きました。

子どもたちのある者はまだこの遊びのことを考えており、それを夢に見ました。そして、朝になると、たくさんのトナカイを目にしたのです。この子どもたちはもっと遊びたいと思いながら寝たので、その家のまわりにたくさんのトナカイがいたのです。他方、遊びに興味のなかったなまけ者の子どもたちは、寝ている間にトナカイ遊びのことは頭になく、朝になっても家のまわりには少しのトナカイしかいなかったのです。

このようにして、少しのトナカイの群れしか得なかった人びとは海岸で生活をするようになり、また、多くのトナカイの群れを得た人びとはツンドラで生活をするようになったのです。

このトナカイ遊牧の起源についての神話に登場する子どもたちが枝で作ったトナカイは、私が以前、死者のためのトナカイ送りの祭礼で見た木の枝を束ねて作られたトナカイを思い起こさせる。人びとが死者に送るためのトナカイが枝で作られていただけでなく、人びとのところに初めてやってきたトナカイもまた、枝で作られたトナカイから生じた。さらに、この物語はコリヤークの生活に関する二つの重要なことがらを語っている。一つは、どのようにしてトナカイが人間のもとへ来たのかという飼育トナカイの起源についてであり、もう一つはトナカイ遊牧コリヤークと海岸コリヤークとの違いの起源についてである。

†トナカイとの超自然的交流

飼育トナカイの起源について重要なのは、それが夢と結びついている点だ。夢の中での願望が遊びを現実のものとし、木の枝で作られたトナカイを本物のトナカイに変えた。夢の中での願望はシャマンによる力の行使でもある。そこで人間はトナカイと超自然的な交流をし、トナカイが現実に人間のもとへやってくる。

このことは狩猟民であるカナダ・インディアンが狩猟に際し、夢の中で動物と交渉し、動物が狩られることを承諾することと共通する。異なる点は、それにより狩猟民が現実に動物を狩猟することになるのに対し、遊牧民であるコリヤークは家のまわりに多くのトナカイがいることを発見する点である。

さらに、トナカイの飼育を可能とした主人公が子どもたちだったことが興味深い。彼らは現実の生活を送っている大人のはるか以前の存在で、現実の生活から離れた遊びの世界に住んでいる。いや、むしろ彼らにとっては遊びこそが現実なのだ。それは、この物語のはじめに語られる「すばらしい時代」という神話的時間に属し、夢と現実、人間とトナカイとが自由に交流できる世界だったはずである。コリヤークはこの夢の中の世界で行使された力にトナカイ飼育の起源を求めた。

次に、トナカイ遊牧コリヤークと海岸コリヤークの起源について、物語はこれらの生活の違いがトナカイの群れの数の多少によるもので、その原因はトナカイ遊びに対する熱心さにあると述べる。トナカイ遊牧コリヤークとは内陸のツンドラでトナカイの大きな群れとともに生活し、逆に海岸コリヤークはトナカイの群れを多くは持たず、あるいはまったくトナカイを持つことなく、海岸でクジラやアザラシの狩猟、鮭漁をして生活している人びとだ。また、トナカイ管理に対する熱心さがコリヤークのトナカイの頭数の増減と直接関係していることも、彼らの経験的事実である。したがって、物語はこれらの現実を説明するものになっている。

もっとも、実際のトナカイ遊牧の起源、さらにはトナカイ遊牧コリヤークと海岸コリヤークの起源はこの物語のみから知ることはできない。しかし、少なくともコリヤーク自身はこの物語の中で、トナカイ遊牧コリヤークと海岸コリヤークとはもとは同じ人びとであったということ、そしてトナカイが人間のところにやってきたことで、彼らの生活の違いが生じたのだと語っているのである。

†シベリアの遊牧民

シベリア東北部にはチュクチとコリヤークが住んでいる。彼らはトナカイを飼い遊牧生活を営んでいるが、同時に海岸で定住し海獣狩猟を行う人びともいる。ロシアの研究者によると、一七世紀に西からエヴェンがこの地域に入ってきた時には、すでにチュクチとコリヤークはトナカイの遊牧民だった。もっとも、エヴェンは北方針葉樹林帯（タイガ）での狩猟が生活の中心であり、少数の飼育トナカイは人が乗り、あるいは荷物を運ぶ交通手段として用いられていた。実際、彼らは野生トナカイの狩猟民でもあった。

対照的に、チュクチやコリヤークは多数のトナカイを管理し、それを食料として用いた。彼らは一部のトナカイを飼い馴らし、人や荷物を運搬するトナカイ橇《そり》を曳くのに用いたが、大部分の飼育トナカイは半野生のままで、彼らの遊牧生活はトナカイの生態に人間が依存したものとなっていた。

さて、カムチャツカ半島の大陸側基部で、コリヤークは西南から東北に走るコリヤーク山地の南側の丘陵地帯とツンドラに住んでいる。ここには、大きな三本の川がベーリング海にそそぎ、トナカイの遊牧はこれら三本の川のそれぞれの流域を中心に行われている。この地域は大きな群れのトナカイ遊牧が特徴である。普通、一つの群れは二〇〇〇頭から五〇〇〇頭のトナカイからなる。

トナカイの遊牧域は冬の放牧地と夏の放牧地、そしてそれらを結ぶ移動路からなる。冬の放牧地として内陸に三ヵ所から四ヵ所の放牧地があり、年ごとにこれらを交代で利用する。ここは丘陵や低い山岳地帯となっており、積雪が少なく、風の強くない場所である。春の終わりになると、彼らは川に沿って谷間を下る。内陸と海岸との間に高い山岳地帯がある場合には、移動路として川に沿った渓谷が利用される。この冬と夏の放牧地の境界上に村が位置する。ここを通過すると、トナカイの群れは海岸のツンドラ地帯へと移動する。これには男の牧夫たちだけがトナカイとともに行き、他の家族は村に留まる。もし、ある年に川の左岸を利用するならば、次の年には右岸を利用するというように、トナカイが同じ場所のコケを食べつくさないようにする。

夏の間、海岸のツンドラ地帯で放牧が行われ、夏の終わりに冬の放牧地との境界にある村に戻ってくる。その後、彼らは冬の放牧地へと移動し、さらにこの中を移動する。ある年に冬の三つの放牧地の一つを利用すると、次の年には二つ目の放牧地を利用し、さらにその次の年には三つ目を利用する。コケの成長が遅いので、冬の放牧地を毎年変えるのである。そして、四年目には最初の放牧地に戻ることになる。

もっとも、夏の間は、トナカイは草を食べるので同じ放牧地を利用することができる。伝統的には、冬の間、彼らは家族全員がトナカイの皮で作られた半球形の移動式住居であるヤナナで暮らし、トナカイとともに移動した。この際、ヤナナは氷下漁のできる湖の近くに建てられた。もっとも現在では、冬の間も村に家族が残り、牧夫たちだけが簡易テントでトナカイとともに移動する。

†遊牧と結びついた一年のサイクル

儀礼と祭りの一年のサイクルはトナカイ遊牧と結びついている。トナカイが夏の放牧地から戻ってきた八月下旬から九月に行われるコヤナイタテック、一二月下旬に新年を迎えて行われるペギティム、トナカイの子が生まれた後の五月初旬に行われるキルウェイ、そして、七月初旬に夏の放牧地に行くトナカイと別れるアノアットという四つの祭礼が主要なものである。

さらに、これに三月初旬にトナカイの群れを分ける時に行われるネヴラブ・カラレ、秋に行われる死者の追悼のためのトナカイ送りであるタンテギニンの祭礼が加えられる。またトナカイが川を渡る時に行われる川の霊へのトナカイ供犠《くぎ》、海へアザラシを獲りに行った時に行われる海の霊へのトナカイ供犠がある。そして、これらすべての儀礼や祭りでは、トナカイが屠殺され、ツンドラの大地、川、海、ヤナナ、守護霊であるギチギにそれが捧げられる。それは同時にトナカイの主霊であるコヤヴァギニンへの供犠でもある。

ところで、コリヤークは一年のサイクルを彼ら独自のカレンダーで表している。一月はグヌレウトといい、「(年の)頭」という意味である。ここで「頭」とははじめ、中心を意味する。二月は、チュクチではヤヤヴォチインと呼ばれ「トナカイの背肉(が食べるのに良い状態)」を意味し、また、チュクチ、コリヤーク共にニヴレヴィイェイルギンという名称を用い、これは「昼が長くなる月」という意味である。三月はテンミタルギンと呼ばれ、「トナカイの雌の腹が大きくなる月」という意味で出産前に妊娠しているトナカイの腹が大きくなる月を意味する。四月はギョイェルギンと呼ばれ「出産の月」という意味である。これは子トナカイが生まれる月である。五月はイミルリイルギンと称され「水の月」という意味である。六月は、アノイェイルギンと呼ばれ「春の月」という意味である。自然が生命の活動を始め、緑が現れ、花が咲き始める月である。

七月はアライェルギンと呼ばれ、春に続く「夏の月」である。八月はハイチェイピエイルギンと呼ばれ「(木々の葉が)黄色になってくる月」である。九月はエイネイェルギンと呼ばれ「たくさん黄色になる月」であり、同時にトナカイの繁殖期である。一〇月はヌタヘイテエルギンと称され「地が凍りはじめる月」を意味する。一一月はウェルキテプロと呼ばれ「山羊の繁殖月」という意味であるが、また、悪天候の月でもある。一二月はヒヴィレェトと呼ばれ「短い」という意味で、昼が最も短く夜が最も長い月である。

さらに季節について、春はアノアンと呼ばれ、これは六月にあたる。夏はアラアルと呼ばれ七月にあたる。秋はニェイニェイと呼ばれ、八月と九月の二カ月が含まれる。そして、冬はリフレンと呼ばれ一〇月から五月までの八カ月を含む。そして、最後に一年は全体でギェヴェギニンと呼ばれる。

†トナカイの一年

彼らのカレンダーには、自然やトナカイの生態の変化に基づいた名称がつけられている。木々の葉が黄色になり、ツンドラの大地が凍り始め、山では野生の山羊が繁殖し、昼が最も短くなる。そして今度は昼が長くなってくると、トナカイの背肉が食べ頃になり、雌トナカイの腹が大きくなり、子トナカイが生まれる。雪が融けてツンドラに水が現れ、木々や草が緑になる春が来て、短い夏が終わると再び木々の葉が黄に色づく。

彼らは一年のサイクルをこのように捉え、自然やトナカイとともに生活している。また、一月を「年の頭」と呼ぶことから、彼らは一年を一つのサイクルと捉え、一月をその始まりと考えているとわかる。これにしたがうと、昼が最も短くなる一二月が一年の終わりとなる。冬至を経て新しい年が始まるのである。

昼が最も長くなる夏至には彼らは特別の名称を与えてはいない。しかし、彼らは太陽を生命の源と考えており、冬至以後、だんだんと昼が長くなって生命の活動が盛んになり、それが夏至を経て今度はだんだんと昼が短くなり、やがて冬至になることを知っている。すると、夏至も一年のサイクルの中で重要な位置を占めているはずだ。五月に行われるキルウェイが、一二月に行われるペギティムと同様、新年を迎える祭礼とされるのは、一年の前半を終えて、新たに後半に向かっての祭礼という意味があるかもしれない。

もっとも、夏至にあたる六月にではなく五月にキルウェイが行われ、それについて彼らは子トナカイの出産後の祭礼であると説明する。すなわち、ここでは太陽の動きによる天文学的なサイクルではなく、むしろトナカイの生態のサイクルに祭礼の時期が調整されている。

トナカイの出産が終わり、新しい子トナカイが現れる。これがトナカイの一年のサイクルの始まりである。この時、彼らはそれまでにためておいたトナカイの骨を取り出し、ツンドラに落ちたトナカイの角を拾い集め、新しい火を起こし、トナカイを供犠し、新しい年を迎える。したがって、キルウェイは夏至祭という性格よりも、むしろトナカイの一年のサイクルにおける新年祭という性格を持つ。

さらにキルウェイは、冬の間ためておいたトナカイの骨を集めて一カ所に置くことから、トナカイの不死という観念を背景にしたトナカイの霊送りの儀礼という解釈も成り立つ。

これは、例えばアイヌの熊祭りに代表されるように、北方の狩猟民に広く見られる動物の狩猟の後の霊送り儀礼であり、人間と動物との間の互恵的関係を確認し継続させるための儀礼でもある。トナカイ遊牧コリヤークにおいても、狩猟民に見られるような動物と人間との間の関係はこのような形で継承されているのである。

†トナカイとの別れと再会

これらと比較すれば、七月初旬に行われるアノアット、および八月下旬に行われるコヤナイタテックの性格は明瞭だ。これらは、トナカイと人間との別離と再会の儀礼である。トナカイの群れは人間の生活にとってなくてはならないものだ。しかし夏の間、牧夫を除いて、人びとはトナカイとともに生活することはできない。人びとは春の終わりにトナカイたちと別れ、秋になってトナカイたちが戻ってくるのを迎える。彼らの一年はトナカイとともに生活する季節と、トナカイと別れて生活する季節という二つの季節からなるサイクルによって構成されているのである。

このことは、カナダ北方のトナカイ狩猟民の生活を思い起こさせる。彼らの一年のサイクルは、秋にトナカイが季節移動のためやってきて、冬の間トナカイの狩猟を行い、そして春にトナカイは去っていくという、インディアンとトナカイとの出会いと別れの生態的リズムからなる。彼らの生活は、トナカイが人間に肉を与えるために自らやってくるというトナカイへの信頼と、それを支える神話的な約束で成り立っている。他方、トナカイ遊牧民であるコリヤークは、彼らがトナカイの群れを管理しているので、トナカイが自らやってくるという考えはない。しかし、トナカイの繁殖や健康は、天候や病気に左右されることも事実である。秋になって彼らは夏の間離れていたトナカイたちとの再会を喜び、ツンドラの大地、守護霊であるギチギ、トナカイの主霊に夏の間のトナカイの無事を感謝し、そしてこれからの季節の繁殖と健康とを願うのである。

2 トナカイ遊牧と新たな神の誕生

†守護霊への供犠

遊牧とは、少なくとも北方のトナカイ遊牧に限れば、狩猟の対極に位置づけられるような、まったく異質な生活というわけではない。彼らの生活は遊牧、狩猟、漁撈という様々な生計活動の複合的体系から成り立っている。トナカイ遊牧はこの体系の一部である。それは、狩猟や漁撈の生活を根本から破壊することなく、新たに遊牧という活動をつけ加えたものだ。そして、この複合活動系を可能とする社会組織は、限定的な共系出自集団からなる遊牧単位である。遊牧単位内での個人もしくは家計単位に見られる活動の多様な展開と生産物の分配で、遊牧単位は安定した社会組織となっている。

興味深いことに、この同じ共系出自集団はカナダのトナカイ狩猟民においてはトナカイ狩猟の生活を成り立たせる狩猟単位を構成していたものだった。そこでは、季節移動を行うトナカイの生態に対応して集団が離合集散するという、共系出自集団の持つ可塑《かそ》性が社会の特徴となっていた。しかし、コリヤークのトナカイ遊牧では、遊牧単位は特定のトナカイの群れを共同で管理することで、その中で生計活動の多様化を可能とする比較的安定した社会組織となっている。

遊牧における動物供犠は、狩猟とは異なる思考に基づくものだ。コリヤークはトナカイを川や大地のみならず、ギチギと呼ばれる守護霊、トナカイの主霊であるコヤヴァギニンに犠牲獣として捧げる。

これは、トナカイが自ら肉を与えるために人間のところにやってくるという狩猟民に見られる動物と人間との関係とは異なる。遊牧民においては、人間がトナカイの主霊であるコヤヴァギニンにトナカイを供犠し、コヤヴァギニンがトナカイの再生産をつかさどり、そしてトナカイが人間にもたらされるという関係が見られるからだ。もっとも、狩猟民においても、個々のトナカイを越えるようなトナカイ全体の抽象的意思が、漠然とではあるが認められる。したがって、遊牧民におけるトナカイの主霊とはこの抽象的意思がより強調され、その役割がより明確になったものと考えることができる。

同時に、遊牧民はトナカイの群れを霊的に守護するものとして、ギチギにその役割を与えている。ギチギは火を象徴する木製の偶像で、人間の生活の守護霊である。人間はギチギに供物を捧げ、ギチギはトナカイを守護し、人間はトナカイの健康と肉を得る。ギチギは人間とトナカイの群れの守護霊で、人間とトナカイとを霊的に結びつける仲介者としての役割を持っている。

トナカイが供物として様々な霊に捧げられるのは、トナカイがすでに人間にとって、霊的存在ではなく財として認識されているからのように見える。人間がトナカイを所有し管理するのと同様に、コヤヴァギニンやギチギが霊的にトナカイを所有し管理しているのだ。その結果、狩猟民に見られた人間とトナカイとの間の二者間の直接的交換の体系は、遊牧民においてはトナカイの主霊や守護霊を介した三者間の間接的交換の体系へと移行し、さらには、トナカイそのものが守護霊への供犠に用いられる。

しかし、同時に、人間はトナカイの骨を大地に埋め、その再生を信じてもいる。また、秋にトナカイの群れが戻ってきた時には、トナカイを迎え、再び冬の間、人間とトナカイとが一緒に生活できることを喜ぶ。

これは、トナカイの群れが単に物質的な財ではなく、霊的にも認められていることを意味する。すなわち、トナカイ遊牧の世界観と狩猟の世界観とは、まったく乖離しているわけではない。遊牧の世界観では、人間とトナカイの間の霊的関係は相対的に弱められてはいるが、それを維持したまま、その上にトナカイの主霊というトナカイの霊的所有者やギチギという霊的守護者の役割が、新たにつけ加えられている。この意味で、トナカイ遊牧コリヤークの世界観は、生態や社会と同様、狩猟を基盤にした北方文化の特徴を示すのである。

†人間とトナカイの接近

トナカイ遊牧が狩猟を基盤にしていることは、遊牧の起源を考える上で重要である。それは、何らかのきっかけによって、狩猟から遊牧への移行が可能であることを意味するからだ。私はこのきっかけとは、トナカイが人間のところにやってきたことではないかと思っている。

冬のキャンプで、人びとは夜間ヤナナの中で雪のかたまりに排尿し、朝になるとこれを外に出す。近くにいる橇用のトナカイを集めるためだ。トナカイは尿をなめるため遠くには行かないという。また、現在では冬季には塩をトナカイに与え、夏にも塩を摂取させるためトナカイを海岸に連れていく。

私は長い年月にわたり、人間とトナカイとの間にこのような自然な接近の過程があったのではないかと考えている。これは人間から見れば一種の餌《え》づけであり、トナカイと人間とが慣れる過程である。慣れるとは、お互いに驚かさないということだ。本来、トナカイは珍しいものには興味をそそられ近寄ってくる。しかし、人間の側が急激な動きをすると驚いて逃げてしまう。トナカイを驚かすことなく、人間が敵ではないことを学習させるのである。

さらに、トナカイの春の出産地においても、人間とトナカイとが接近することが可能だ。もし人間が母トナカイと子トナカイをオオカミから守ることがあれば――現在はもちろんそうしているが――トナカイと人間との間に共生関係が成立する。出産地で行われることは耳に所有印をつけることであり、その役割はおばあさんに任せられている。

もっとも、狩猟民の考え方に基づくと、動物の出産期は動物をそっとしておき、狩猟は行わず、近づくこともしない。したがって、出産地における接近は、むしろトナカイの群れの管理がなされる過程で起こったことで、最初のきっかけではなかったかもしれない。にもかかわらず、おばあさんと子トナカイとの接触はカナダ・インディアンのベジアーゼの神話を思い起こさせ、人間とトナカイとの接近の機会として排除することはできない。

また、人間とトナカイとの接近に関していえば、カナダ北方森林インディアンの野生トナカ

トナカイを投げ縄で捕らえるコリヤーク

イの冬季における柵への追い込み猟との関連が考えられる。ここでは、柵の中に追い込まれたトナカイは、柱の間に仕掛けられたくくりわなに角をからませ、それを狩人が屠殺する。しかし、何らかのきっかけで、そのまま柵の中に留めておくことにより、トナカイと人間は相互に慣れることがあるかもしれない。

柵（コラール）はコリヤークでもトナカイの群れを分ける時に行われるネヴラブ・カラレの祭礼で用いられ、またスカンディナヴィアのトナカイ遊牧民サーミにおける秋のトナカイの囲い込みにも見られる。実際、柵に動物を囲い込むことはモンゴル、チベット、ラダックなどの遊牧民における夜間の羊、ヤギなどの管理方法に見られ、群れ動物の管理方法となっている。柵という管理方法は狩猟と遊牧をつなぐ技術である。

このように、人間とトナカイとが接近し、相互に慣れることが、遊牧の起源における第一段階だったと考えられる。

†トナカイの訓練と管理

次に第二段階として、トナカイの群れ全体を制御するために、人間は橇用のトナカイを捕獲し、訓練せねばならなかったはずだ。冬の間、トナカイ橇を使い、群れのまわりをまわってトナカイを見守らねばならないからである。トナカイ橇は、おそらく犬橇からの転用ではないかと思われる。作りは少し異なるものの基本的に大きな違いはない。犬はずっと以前から家畜化されていたし、海岸コリヤークはもとよりトナカイ遊牧コリヤークの間でも犬橇が見られる。トナカイ橇により、彼らはトナカイの群れを制御でき、さらに冬の間、ヤナナを橇に積み、容易にキャンプを移動させられるようになる。トナカイの群れを適切な越冬地に移動させ、群れとともに人間が生活することが可能となるのである。

トナカイ遊牧の第三段階は、トナカイの群れの管理体系の確立である。コリヤークのトナカイ遊牧で特徴的なのは、トナカイを食料用の肉として利用することだ。彼らはモンゴルや中央アジアの遊牧民に見られるように搾乳や、ヨーグルト、バター、チーズなどの乳製品の製造と利用を行わない。彼らはトナカイの群れの管理において、基本的には子トナカイを生ませるために雌トナカイ二〇頭に対して一頭の割合で雄トナカイを残すという群れの性別構成をはかる。また、屠殺されず群れに残される雄トナカイは種雄を除いて去勢される。もっとも、カムチャツカ半島中部のトナカイ遊牧コリヤークにおいては、トナカイを去勢することはないとのことであり、去勢という管理技術は比較的新しいものかもしれない。

また、群れの大きさが制御不能にまで大きくなりすぎないように、頭数を調整する。屠殺されるトナカイは病弱なもの、老齢なものが選別され、子トナカイの面倒を見ない雌トナカイも屠殺の対象となる。また、繁殖期の秋には野生の雄トナカイが群れに入ってくることを防げず――この雄トナカイ自体は後に屠殺されるが――橇用の強いトナカイとなる子トナカイを得る。

このように、彼らはトナカイの群れの規模、性別、年齢構成、繁殖と屠殺を通して遺伝子の選別を行い、より健康で強いトナカイの群れの育種《いくしゅ》と管理を行う。また、群れの制御と管理とが可能となると同時に、トナカイに対する所有権が発生しただろう。彼らは生まれた子トナカイの耳の一部に切れ目を入れて所有印とする。所有権とその社会的継承の規則ができたのである。

トナカイの群れの管理は同時に霊的な管理と儀礼の発達を伴った。自然の中の様々な霊と高次の主霊、さらにはトナカイと人間との霊的仲介者としての守護霊の役割が拡大され、強化された。トナカイは犠牲獣として、様々な霊に供犠され、人間と霊との関係が強調され、他方トナカイは財としてその霊的存在が弱められた。

儀礼の発達は、彼らが本来持っていた循環の思考をより明確に表現し、演出することを可能とした。葬儀に見られるこの世と向こう側の世界との間の生と死の循環、トナカイと自然の生命の生と死の循環、太陽に代表される宇宙の循環は、彼らの壮大な循環儀礼となり展開した。そこでは、人間自身が自然と宇宙の一部であり、自ら循環を続けることが演じられた。トナカイ遊牧の成立は、彼らの世界観を背景にした永遠の循環儀礼の成立でもあった。

†巨大な群れの遊牧

さらに、トナカイ遊牧に群れの規模という面から見て第四段階をつけ加えるとすれば、かつてチュクチに見られたように、五〇〇〇頭から一万頭近くにもなるような大きなトナカイの群れを持ち、一年中トナカイの群れとともに遊牧の生活を送るという遊牧形態だろう。この場合、必然的にかつての漁撈や狩猟と複合した生活は、遊牧のみの生活へと変化する。トナカイの大きな群れとともに、チュクチの居住域がチュコトカ半島からさらに西と南へ拡大したのは、この段階を示している。そこで、チュクチは強力な戦闘集団となり、当時東シベリアに拡大を続ける帝政ロシアと戦い、またアナディール川南部のコリヤーク山地を越えて、コリヤークとの間で戦闘を行ったのである。

このトナカイ遊牧の第四段階はツンドラでの大規模なトナカイ遊牧形態だが、そのまま安定しているわけではない。逆に、トナカイの群れは制御不能な状態へと移行していく。トナカイの群れは自己増殖を続け、大きくなりすぎた群れはやがて病気にかかり大量にトナカイが死に、結局、人間はトナカイを失ってしまう。トナカイを失った人びとはもとの狩猟と漁撈の生活へと戻る。いわば、レベル・ゼロとでもいうべきトナカイ遊牧前の状態に戻ることになる。彼らはチャウチュと呼ばれるトナカイ遊牧民の生活から、ニェムランと呼ばれる海岸での定住民となるか、他のトナカイ遊牧民のために牧夫として働くことになる。

もちろん、ここで述べたトナカイ遊牧の段階は直線的に進行するわけではない。少数のトナカイを持つ段階で病気や他の原因でトナカイを失うこともある。また、大規模な遊牧を経た後、今度はある一定規模以上にトナカイの群れが大きくならないように群れの頭数が管理されることもある。あるいは、一度トナカイを失っても、少数のトナカイを手に入れ、これを増やして、再び遊牧民の生活へと戻ることもできる。

したがって、トナカイ遊牧とは、トナカイの規模と管理という面から見れば、レベル・ゼロと制御不能な状態との間の一連の諸相からなり、この中での人間とトナカイの群れとの動態ということになる。管理が適切であれば、トナカイの頭数は増え、適正値を保って生産を継続できる。逆に、管理の努力を怠れば、トナカイが病気になったり、どこかに行ってしまったり、あるいは逆に数が増えすぎて制御不能の状態となる。その結果、トナカイ遊牧の起源の神話で語られるように、レベル・ゼロの状態である海岸コリヤークになる。

†トナカイ遊びが遊牧の起源

それでは、遊牧の起源における動機とは何であったのだろうか。私は、遊びではないかと思っている。神話で語られるように、子どもたちの「トナカイ遊び」がトナカイ遊牧の始まりだったのではないだろうか。そこでは、枝で作ったトナカイで遊んでいた子どもたちが家に帰り、夢の中でもトナカイのことを考え続けたことで、朝起きるとたくさんのトナカイが家の前にいたと語られる。

もちろん、神話は神話であり、現実のトナカイ遊牧の起源を述べたものではない。しかし逆に、彼らは遊牧の起源について、私たちが期待するような合理的な説明をするのではなく、彼らがトナカイと人間との関係の起源についてどのように考えているかを語っているのである。

シャマンがまだ力を持っていた「すばらしい時代」の夢の中での子どもたちの願望が、枝で作ったトナカイをたくさんの本物のトナカイに変えたのだと彼らは語る。冬のキャンプにおいて、トナカイが雪のかたまりの上の人間の尿をなめるためにやってくることについてはすでに述べた。

私は、このような日々の状況の中で、人間の子どもたちがトナカイに近づき遊ぼうとすることが、もしかしたら本当にあったのではないかと思う。子どもたちは、近づいてきたトナカイと友だちになりたかったのである。

かつて、人類史の中で人間とトナカイとが接近し、相互に慣れてゆくという時期があったとしても決して不思議ではないだろう。神話でトナカイ遊びをするのは人間の子どもたちである。大人ではだめなのである。人間の大人であれば狩猟のためにトナカイを屠殺してしまうからだ。子どもたちこそがトナカイと遊び、今までになかった新しいトナカイとの関係を作ることができたはずである。

カムチャツカのトナカイ遊牧の起源についての神話は、そこにははっきりとは語られていないにもかかわらず、子どもたちが遊んでいた枝が上界との関わり合いを示し、その向こうにはトナカイの主霊の存在がうかがわれる。また、子どもたちが遊んでいたトナカイは、群れの管理と遊牧生活の確立とともに、やがて犠牲獣として殺される運命にもある。おそらく、トナカイと子どもたちの遊びは、その期間は長かったにしても、ある時期に一度だけ起こったことなのかもしれない。橇用のトナカイを捕獲し訓練する技術が確立すれば、後はどのような群れであれ、容易に制御することができるからである。そして、この技術はわずかな期間で北方ユーラシア全域に広まり、そこで大規模なトナカイ遊牧が展開することになったのである。

†共生か管理か

トナカイは人間によって、オオカミや熊から群れを守ってもらうことができる。しかし、そのための対価をトナカイは人間に支払わねばならない。遊牧は人間と動物との共生関係なのであろうか。それとも、遊牧とは人間が人間のために動物を管理することに他ならないのであろうか。狩猟にせよ遊牧にせよ、いずれも動物は殺されるのであるから、殺される動物から見れば同じことなのだろうか。もし、違いがあるとすれば野生のままで殺されるのか、管理されて殺されるのかの違いである。狩猟民における動物が人間と対等、あるいはそれ以上の霊的存在なのに対し、遊牧民における動物が犠牲獣であり、財であることはこの違いに基づくものなのかもしれない。

トナカイ遊牧は遊びに始まり、管理に至った。もちろん、人びとはトナカイを管理することに関して、何の負い目も感じてはいない。たとえ、トナカイの霊性を奪ったのが人間だったとしても、人間はさらに高次の主霊や守護霊に、より強い霊性を認め、新たな役割を付与したからだ。それが、人間をそれらの霊の下に位置づけ、結局は新たな神々のもとに人間が管理されることになろうとしても、人間はもうもとに戻ろうとはしないだろう。

マリーアが遊牧の起源の神話で語る「すばらしい時代」とは、たくさんの人びととシャマンがおり、夢の中での力が自由に行使された時代だった。しかし、「すばらしい時代」とはこれにとどまらず、トナカイと人間の子どもたちが楽しく遊べた時代だったことを、彼ら自身、おそらく無意識にではあっても、神話の中に留めておこうとしていたのではないだろうか。

3　死の儀礼と魂の循環

†殺される犬

私は、弔問《ちょうもん》のためワシリーの家を訪ねた。彼の息子のエディクが無軌道車《むきどうしゃ》で凍った川を渡ろうとした時に氷が割れて溺死したのである。木造の古い小さな家の広間の床に死者が横たえられていた。遺体はトナカイの毛皮の上に置かれ、その上にはさらに別のトナカイの毛皮が被せられていた。死者のまわりを一〇人ほどの女性が取り囲むようにして座っている。この夜、人びとは一晩中寝ずに、死者のかたわらで過ごす。そして、明朝早く、死者を火葬するためツンドラへ出発するという。

明朝五時に私は再びワシリーの家を訪れた。人びとは昨夜のまま部屋の中にいる。女たちと男たちは、一列になり、部屋に横たえられている遺体のまわりを頭の方から右まわりに一人一回ずつまわり始める。遺体の足もとまで来ると、そこを跨《また》ぎ、かかとで後ろ向きに遺体の足を軽く蹴る。そして、遺体の頭まで戻ってくると、そこに置かれている皿に入った料理されたトナカイの肉片を一つ取って食べる。父親のワシリーがやってきて、死んだ息子に最後の言葉をかける。女たちは泣く。そして、六、七人の男たちが遺体を持ち上げると、両側から肩にかつぎ、家の外に運び出す。

犬が一匹ワシリーによって部屋の中に連れてこられた。この犬は最後の食事を与えられ、家の外に連れ出された後、村はずれの火葬場への道の起点に連れていかれた。そして、そこで犬は殺されたのである。これは、道がそこで閉じられることを意味し、さらに犬は主人とともに上界へ行くのだという。殺される犬は死者の好きだった犬が選ばれる。それは最良の犬でなければならない。二歳以上のよく訓練された犬で、若い犬では駄目だという。犬を供犠する理由は、「死者が火葬にされると、死者の霊はこの地上と空との間を飛ぶ。しかし、その霊は、空に行こうか、それとも地上に戻ろうかと迷う。犬の霊は主人の霊に走り寄り、上界への道を示すのだ」といわれる。

†死体を切り裂くナイフ

火葬のための場所は平らな丘の端にあり、まわりには多くのハイマツがツンドラを覆ってい

コリヤークの死者儀礼

る。今にも雪かみぞれが降り出しそうに空は灰色に曇り、遠くには雪とハイマツがまだらになったツンドラの大地が広がっている。先に来ていた男たちは、すでにたくさんのハイマツの緑の葉のついたままの枝を切り取り、それを堆《うずたか》く台状に積み重ねている。この上には死者が落ちないように浅い窪みが作られ、まるで大きな鳥の巣のような形に見える。マリーアともう一人の女性が台に登り、死体を包むトナカイの毛皮を縛っていた皮紐をほどき、下に投げる。死者と共に運ばれてきた槍が死者の横に置かれる。二人の女性は死者の横に座る。

死者とともにあった刃渡り三〇センチメートルにもなる大きなナイフが取り出され、マリーアがナイフを持った右手を死に装束の上衣の下に入れ、死者の胸か腹のあたりに立てると、もう一人の女性がそれを上から思い切り押さえる。ザクッという音がしてナイフは死者に突き刺さり、マリーアはそのままナイフを腹の下の方向に向かって引く。死者は胸から腹まで縦に切られたのである。そして、そのナイフでマリーアは腰に巻いていた草の紐と両腕に巻いていた草の紐とを切り、それらを死者の横に置く。

緑のハイマツで作られた台の上に立つマリーアたちは、彼女たち自身が作ったトナカイの毛皮を煙で燻《いぶ》したこげ茶色の上衣を着ている。この伝統的な服には背中の真中と両端に白いビーズで小さな円い刺繡《ししゅう》が施され、そこにつけられた何本もの短いビーズの紐が彼女たちの動きに合わせ軽く揺れる。薄く広がる灰色の空を背景に、濃い緑のハイマツの台の上で死者の横に立つこげ茶色の上衣を着たマリーアたち、そして自然の花々や宇宙の星のように輝くビーズの刺繡は、この儀式の厳粛さと同時に、限りない美しさを感じさせた。

同時に、男たちはハイマツの台の下に火を入れる。もうもうと煙が立ち昇り、その中でマリーアともう一人の女性は動くことなく死者の横に座り続ける。赤い炎が見え始め、今や煙は死者と二人の女性とをすっぽりと包んで立ち昇っていく。やがて、マリーアともう一人の女性はこの燃えるハイマツの台からゆっくりと降りる。

†コリヤークの相撲

トナカイを死者に送るコリヤーク

大男が大声で何か叫んでいる。彼は上衣を脱ぎ、上半身裸になると、両手を広げて人びとに向かって叫んでいる。さらに別の男たちが上半身裸になると、取っ組み合いを始める。二人は互いに相手を雪の上に投げて押さえつけようとしている。また、別の男は最初に叫んでいた大男に挑むが、簡単に雪の上に倒されてしまう。倒された男は両肩が雪の上に押さえつけられないように、腹這いになり必要で抵抗する。しかし、大男は彼の上に被さって、自分の腹でこの男を雪の上に押さえつけたまま、こぶしを握った自分の両手を高く上げて、勝ちどきの声を上げている。ワシリーがやってきて、もっとやれというようにひときわ高い声で声援を送る。まわりに集まってきた男たちや女たちも大きな声で笑い、喚声をあげる。コリヤークの相撲が始まったのである。

死者は頭を東向きにされたまま、死に装束をつけ、仰向けに体を伸ばしてハイマツの台の上で火葬にされる。その南側では死者のために殺されたトナカイの骨が小さな穴に埋められ、北側では枝を束ねた象徴的なトナカイが作られる。トナカイは死者とともに上界に送られる。人びとは煙の立ち昇るハイマツの台のまわりで次から次へと相撲をくり広げる。ワシリーともう一人の男は長い棒を手にして、ハイマツがよく燃えるように台をつつき、また、新たに緑の葉のついたハイマツの枝を拾っては火の中に投げ込む。

女たちの中からひときわ高い喚声が上がる。トナカイ皮で作られた直径一五センチメートルほどの毬《まり》が空中に投げ上げられる。人びとはこれを奪い合う。毬を取った者はまた次の者へと投げる。投げずに毬を持ったまま捕まると、皆が寄ってたかってこの者を地面に押さえ込み、背中に雪を入れる。そして、毬で頭を叩く。三人の若い女がこの毬を次から次へと投げながら彼女たちの間でまわしている。男が近づくと、取られまいと、毬を遠くに離れた者の方へと投げ渡す。男と女の間での毬の奪い合いの競技が行われているのである。

†子どもを死者の名前で呼ぶ

人は死んだ後、空の上にある死者の国に行き、そこで地上での生活と同じようにヤナナに住みトナカイを飼って生活すると考えられている。そして、死者の国の人びとはやがてこの地上の世界に赤ん坊として生まれる。誰かが死んだ後、子どもが生まれると、人びとは、彼を死者の名前で呼ぶ。そして、彼の過去の人生について話す。彼らは、「どうしてあなたはこんなに若くなったのですか。赤ん坊であるあなたは死者の後継者なのですよ」と語りかける。

生まれかわる子どもの性別は死者の性と異なってもよい。また、今回、ワシリーの息子のエディクが死んだが、今年妊娠している女のすべてがこの死者、すなわちエディクを生むという。しかし、本当のエディクはワシリーの親族に現れ、彼らはこの子どもにエディクという名前をつける。このことは、「死者は両手の一〇本の指の数だけ生まれかわる」といわれる。

また、生まれかわるのは死者の霊そのものではないが、人から人へと受け継がれる何かがあると考えられている。そして一人の人間の中に、一人だけではなく二人、時には三人でさえ住むことができるという。しかし、その中の一人が主となるものであり、他はそれに附随するものにすぎない。つまり、エディクはたくさんの子どもの中に生まれかわるが、その中で主要なエディクの生まれかわり――本当のエディク――は彼の親族に生まれた子どもということになる。

新しく誕生する子どもの名前は、母親が眠っている間に夢を見て決まる。また、妊娠している母親のしぐさは誰かに似ている。例えばエディクに似ていれば、彼女はエディクを生むのである。もし赤ん坊が泣くと、母親は耳もとで色々な人の名前をささやく。そして、もし赤ん坊が泣き止むなら、それが赤ん坊の名前である。さらに、もし該当する名前が見当たらなければ、三人の女が集まり、小さな三本の木の棒を組み合わせて立て、中央から糸で小さな石を吊す。そして、色々な人の名前をいってみて、もし小石が動き始めたら、それが赤ん坊の名前となる。

†死者を「殺す」儀礼

コリヤークの死の儀礼は彼らの世界観を背景に、様々な象徴の組み合わせによって構成される死体処理の過程だ。もちろん、彼らにとって、これは単なる死体処理ではない。死体処理の実践を通して、彼らは彼らの世界観を実在のものとし、それを再生産し続ける。また、そこで行われる習慣に対して、彼らは様々な意味づけを行い、あるいは、それは昔からの「伝統」であると片づけられる。彼らの意味づけは多くの場合、実践的なものである。しかし、それらの習慣には彼らが意識しないにもかかわらず、もう一つ別の意味が隠されている。それは、一つの文化内の解釈を越えた、より普遍的なレベルの意味である。彼らの死の儀礼をこのような視点から見ると、どのような意味が読みとれるのだろうか。

葬儀は死者を——より正確にいえば死者の霊を——「向こう側」の世界に送る過程である。向こう側の世界は太陽の昇る東の方向にあり、それは同時に空の上の世界（上界）を意味する。したがって、死者は頭を東の方角、あるいはまぶしくないように少しずらせて東北の方角へ向けられる。犬が死者の先導役を務めるのは、死者が上界へ行く道の途中で、悪霊がそれを妨げるのを防ぐためだ。死者とともに殺されるトナカイは、副葬品として同時に持たされる新しい衣服、手袋、靴、さらには槍、ナイフ、橇、杖、松脂や裁縫道具の入った袋、糸、投縄《なげなわ》などと同様、死者が上界で生活するための必需品である。死者は上界で、この世と同じように生活していると考えられているからである。

遺体をナイフで切ることについて、彼らはそれが火葬に都合がよいからと説明する。しかし、この合理的な説明は、それが一つの真実だったとしても、実践的な解釈にすぎない。遺体にナイフを突き刺し、切ることは、死者を「殺す」ことであり、死体の解体である。それは、トナカイや犬やあるいは他の狩猟動物における同様、肉体から霊を分離することを意味する。

霊が分離された後の肉体はもはや死者ではなく、単なる死体にすぎない。トナカイの肉が人間によって消費され、残された骨が地中に埋められ、あるいは埋められなかった骨は火によって燃やされるように、あるいは殺された犬の死体が解体され、ワタリガラスに与えられるように、それはこの世から完全に消滅させられなければならない。それが、この世から向こう側の世界へ霊を送り、それをこの世に再生させるため——より正確にいえば不死なる霊の循環——の方法なのである。

したがって、死者が儀礼的に殺害される前、つまり、火葬の場に運ばれる前の遺体には霊がまだともにあると考えられていることになる。だからこそ、遺体は人びとの前に裸を見せないように着替えさせられ、彼のための煙草や紅茶が用意され、人びとは彼とともに一夜を明かし、彼に最後の言葉をかける。そして、死者は人びととともに上界への道の半分まで行き、火葬の場における儀礼的殺害の後、今度は死者が一人でその先の道を進むことになるのである。

†「この世」と「向こう側」の重なり合う空間

火葬の場は、異なる二つの世界である地上の世界と上界——彼らの言葉通りにいえば、「この世」と「向こう側」——とが重なり合う空間である。死者を送る役割を担う女性は縄を腰と腕に巻く。これについて、彼らは、彼女たちが務めを果たすべき女性であることがわかるための印であると説明する。この実践的な理由はもちろん誤りではない。しかし、同時に、彼女たちはその縄の結び目を二重にするのである。死者の着る服、あるいは死者を縛るための紐の結び目もすべて二重にされた。これについても、私は紐が解けて死者がころげ落ちないためであるという説明を聞いている。

この合理的な説明も誤りではない。しかし、私はこの二重の結び目こそ、異なる二つの世界の境界——すなわち結界——の象徴であると考えている。彼らは自分たちのまわりにこの世と向こう側の世界との結界を作り、これから行われる儀式の準備をしたのである。そして、その印をつけた彼女たちこそ、死者を別の世界へ送り出すというもっとも危険で、同時にもっとも責任ある仕事を担うことになる。

彼女たちは火葬のための台の上に死者とともに座る前に、結び目の一つを解く。また、死者も衣服などの二重の結び目の一つを解く。両者ともここで一重の結び目になっているのだと彼らは私に強調した。これは結界が解かれることを意味する。今や、二つの世界の境界はとり払われ、死者が一つの世界から別の世界へと移動するための特別の空間が出現する。

任務を遂行する女性が死者をナイフで突き刺し、彼の霊を分離させると、彼女たちは自分たちのつけていた縄をはずし、火葬にされる死体とともに置いた。彼女たちは立ち昇る煙の中で死者とともに座る。死者の霊が、道に迷いこの世に戻ることのないよう、彼女たちは霊を導き、見守るのである。この火葬の場への道はすでに、村からの出口のところで閉ざされている。そこで殺された犬の霊は主人である死者のもとに走り寄り、そして、途中で邪魔する悪霊たちに吠えつき蹴散《けち》らしながら、上界への道を主人とともに歩んでいるはずである。

†死者の霊と仲介者

死者を送るために重要なのは、女性の役割である。彼女は死者の霊とともにあり、その霊をこの世から向こう側の世界へと橋渡しする役目を担う。彼女は霊の仲介者であり、死者がそうであるように、彼女もこの世と向こう側の世界とを往来する。

しかし、死の儀礼におけるもっとも重要な役割を担うこの女性は、この儀礼の進行に関して、全体的な統括はしていない。儀礼は死者の親族のそれぞれの人が、そして儀礼に参加するすべての人びとが、彼らの「伝統」にしたがって進めている。彼女は人びとに儀礼の進行についての指示を与えてはおらず、また、人びとに対して何ら霊的な、あるいは政治的な力を持たず、その意味で彼女は祭主ではない。

彼女はこの儀礼における最も重要な仕事を担当する霊の仲介者であり、この意味で彼女はシャマンである。実際彼女は、死者の霊を送る仕事のみならず、死者の眼の開き方から、シャマンの重要な仕事の一つである予知さえ行っていた。

仲介者以外に二つの異なる世界の関係に関わるものとして、ワタリガラスと火がある。人びととは、死者が部屋から運び出される時、かかとで死者の足を蹴り、ワタリガラスの鳴き声を真似た。死者がいよいよこの世から上界への道を歩み始めるために、人びとは死者を蹴ったのである。その人びとはワタリガラスであり、したがって、ワタリガラスは死者を上界へと運ぶ役割を持つことになる。

ワタリガラスは使者である。このことは、北アメリカ北西海岸インディアンのワタリガラスの神話において、彼が暗闇の世界に住む人間たちに太陽を持ってきたと語られることを思い起こさせる。殺された犬の死体がワタリガラスのために小さく切られツンドラの草の中に置かれるのは、ワタリガラスがそれを食べ、空へと運ぶからだ。同様に、火葬における火の役割は死体の焼却である。ワタリガラスが死体を食べるように、火が死体を食べ、上界へと運ぶ。したがって、ここでは火も使者としての役割を持つ。

ワタリガラスや火が使者としての役割を持つのは、それらが人間と人間以外の自然との両方の性格をかね備えているからだ。ワタリガラスは鳥でありながら人間のように賢く、人間の社会のように集団を作り、人間の生活の場に侵入する。火は自然でありながら人間がそれを制御し人間の生活にとって不可欠のものとなっている。これらは、文化と自然との境界に位置し、その境界を越えて二つの世界を往来するものである。したがって、ワタリガラスや火が霊的世界と人間世界との間の使者となるのである。

ワタリガラスと火が、地上の世界と上界との間の使者としての役割を持つのは、人びとが死者の世界が上界にあると考えており、同時にワタリガラスが空と結びつけられ、また火が太陽と結びつけられているからだ。これに対して、石はむしろ、この地上の世界に結びつけられている。死者とともに上界に送られた枝で作られた象徴的なトナカイが石で押さえつけられるのは、それが儀礼の記念物として地上に固定されるためのみならず、本来トナカイの骨が行くべき世界が上界ではなく、別の世界であることを暗示している。また、火葬の場へ出発する前の死者の上に小石が乗せられるのは、死者の霊が肉体から遊離してさまようことのないよう地上に固定するためである。

†葬儀で競技が行われる理由

火葬の場で、人びとは相撲や、毬を奪い合う競技を行う。彼らはこれを人びとが楽しくしていることを死者に知らせるためだと説明した。あるいは、人びとの関心を死者から逸らすためだとも語られる。人びとはこの世の楽しい生活に熱中し、死者に別れを告げ、死者とともに向こう側の世界に行くことを拒否した。だから、死者は誰も道連れにすることができない。

これはもっともな説明のように聞こえる。しかし私は、火葬の場における競技には、この実践的な理由とは別に、もう一つの意味があると思う。なぜならば、例えばモンゴルにおいて死者の墓標に相撲の競技の様子が描かれるのは、死者があの世で楽しかった相撲を思い出すことができるためだと、まったく別の理由が語られ、さらに、相撲や毬の競技が火葬の場のみならず他の祭礼や交易の場においても行われるからである。したがって、ここでの共通の問題は、葬儀や祭礼や交易の場においてどうして競技が行われるのかということになる。

ここでの競技とは、実は競争的性格を持つ遊びであることに特徴がある。これらは対立するものの衝突と和解の過程からなっている。男と女との対立、男と男との対立、集団と集団との対立は、この競争的遊びの場でぶつかり合い、解消され、一つの場を形成する。相撲でも、毬の奪い合いでも、また他の祭礼に見られるトナカイ橇のレースでも、徒歩競走でも、この過程は共通である。

火葬や祭礼の場は、二つの異なる世界――この世と向こう側の世界――が接し、その結界が解かれた空間である。そこは、生者と死者、現実と超自然の区別のない特別な場だ。彼らは交易の場でも、これと同じ状況を見ている。かつて、アメリカ人やロシア人という異なる世界の人びとと、この世界のコリヤークとが接し、そこで両者の交易品が交換され、交易が成立した。したがって、葬儀や祭礼や交易の場と、競争的性格を持つ遊びの場とは、本来同じ性格を持つ場なのである。

私は、そこで死体が焼かれているという厳粛で悲しいはずの火葬の場において、競技に熱中する人びとの喚声と笑い声を聞きながら、不思議な感覚を覚えた。この無秩序に見えた状態は、実はまさにそれが無秩序な場であったからなのである。秩序とは、物事を分類、整理し、その境界を決めることだ。二つの世界が出合い、その境界が取り払われたこの特別な場こそ、秩序そのものが存在しない場だったのである。

この特別な場は異なるものが本来は同一であるという初原的同一性の場といってもよい。トナカイ狩猟民であるカナダのインディアンは動物と人間とは本来、異なるものではないと考えている。狩猟に際し、彼らは夢の中で動物と交流し、動物が自ら狩られることの同意を得る。

神話の中で動物たちが人間の言葉を話していたように、そこでは動物と人間との境界は取り払われる。

この初原的同一性の場はアイヌの熊祭りにおいても見られる。人びとは神(カムイ)である熊を迎え、肉と毛皮と胆嚢を受け取り、酒と幣と粢餅を返礼として贈る。熊祭りは人と神との贈り物の交換の場であり、両者が同じ人格として交流する場である。異なる二つの世界の交流というシャマニズム的世界観に基づいたこの祭りの場で、人びとは綱引きを行い、歌い、踊るのである。

コリヤークの神話において、トナカイ飼育の起源は子どもたちの遊びと夢に関係していた。遊びも夢も、本来、秩序のない世界であり、そこで人びとは時間や空間を越え、自由に超自然的世界と交流できる。初原的同一性の場と遊びとは不可分の関係にある。この意味で、遊びは本来、秩序を破壊する力を持っている。火葬の場において、彼らは遊びの力を行使し、世界の秩序を取り払い、まさにシャマニズム的な場としての初原的同一性の場を作り出していたのである。

†人間の死と生に対する無限の優しさ

死の儀礼とは、人間の死と誕生とに関わる、より大きな人間の霊の循環儀礼の一環だった。

同時にそれは決して目立たないが、明らかなシャマニズムの実践でもあった。彼らは、死の儀礼の実践を通し、死とは何か、生とは何か、そしてこの世と別の世界との関係はどのようなものなのかという彼らの世界観を再認識し、それを再生産し続ける。様々な象徴は、彼らの実践的意味とともに、その背後にあるより普遍的な意味を語る。そして、この全体こそが、彼らの「伝統」と呼び得るものなのである。

私がここで見たこの世と向こう側の世界との境界とは、国境線がありそこに関門があるというものではなかった。それは、この世から向こう側の世界への道のりであり、それを歩む過程であった。その道は村から始まり、中間地点である火葬の場を経て、さらにその先の死者の国へと続く。死者は犬に導かれ、彼らがいうような真っ直ぐな一本の美しい道を行くはずだ。そして、彼はヤナナに住む親族の人びとと会うだろう。彼らは駆け寄ってきて、地上の話を色々とたずねる。彼はこの国の人になったのだ。

死者を送り出す女性としてのマリーアはここで重要な務めを担っていた。それは、儀礼の過程として重要というだけではない。死者を向こう側の世界に送るという、死者に対する責任の重要さなのである。彼女が死者の身体にナイフを突き刺すという儀礼の執行の厳しさは、死者に対する優しさである。マリーアは、彼のために寄り添うのである。彼の死のみならず、彼が向こう側の世界で生きることに対する責任を、マリーアは引き受けたのである。読経のための僧の人数で布施の金額が決まり、死者のあの世での戒名の種類で金額が異なるという考えはここにはない。本来、宗教がそうであったはずの人間の死と生に対する責任と無限の優しさが、コリヤークの生活の中で、彼らの伝統として生きているのである。

4　象徴的なトナカイ橇レースと再分配のこころ

†賞品を賭けたトナカイ橇レース

新年のトナカイ供犠の祭礼の間、遊牧民たちは競技を準備した。たくさんの親族が集まり、特別の賞品が用意される。競技には、トナカイ橇レース、相撲、徒歩競走などがある。トナカイ橇レースの賞品は、橇、ライフル銃、弾丸、雌トナカイ、漁網などだった。レースの距離は片道四〇キロメートルになるものもある。三等賞から四等賞くらいまであり、三〇名くらいの人びとがこれに参加した。このレースはそれぞれの競技者が乗る二頭立てのトナカイ橇で行われた。また、犬橇レースも行われ、トナカイ橇レースと同じ距離を競い、賞品も同じようなものだった。

相撲の競技には特別の賞品はなかった。二人の男性が上半身裸になり、ちょうどフリースタイルのレスリングのように組み合う。一人が他の人の背中を地面につけることができれば勝ちになる。徒歩競走は四〇キロメートルの距離を速く歩いた者が勝つ。人びとは普段から特別の人をこの競技のために訓練させていた。このような人は日常生活における仕事はせずに、訓練だけに専念していた。

また、ボール競技もある。これは、男女二つに分かれたチームの間で争われる。トナカイの皮で作られたボールを一人が他のチームの者に向かって投げ、それを受け止められずにあてられた者はチームから外れる。受け止めると、今度はボールを相手チームの者に投げ返す。そして、最後にメンバーのいなくなったチームの敗けになるというものだ。賞品は衣服の材料、ビーズ、耳飾りなどの装飾品であった。

かつて、彼らは交易場所で、このボール競技を行った。この競技はまた祭礼の時にも行われた。もっともこの時は、人びとはそれほど多くはなかった。これに比べれば、交易場所には、カムチャツカのあらゆる所から人びとがたくさん集まってきて、多くの人びとで賑わったという。祭礼における競技は昔から今まで、彼らにとってもっとも楽しみにしている行事なのだ。

さらに、棒を使った象徴的なトナカイ橇レースがある。彼らは今年に入ってからすでに二回このトナカイ橇レースを催した。これは、このレースに参加する人びとが、トナカイに見立てた二五～四〇センチメートルくらいの棒を二本、本物のトナカイを橇につけるように紐で束ねたものを、レースを催す人の所に持ち寄る。主催者は集まってきた人びとに煙草などをふるまい、さらに、人びとにここから向こうに見える木の向こう側をまわって戻ってくるよう告げる。木までの距離は約五〇〇メートルである。スタート地点には、この競技の主催者が提供した賞品が置かれている。賞品は彼が提供できるものであれば、どのようなものでもよい。例えば、モーターボートのエンジンやトナカイの一群でも、あるいは裁縫用の針でもよい。人びとは、各自、棒のトナカイを目標の木に向かって、前から後ろへと一直線に並べる。次に、一番後ろにいる人はこの棒で作られた象徴的なトナカイを一番前に持っていって置く。

このようにしてトナカイが後ろから先頭へと次々に移りかわりながら、全体のトナカイ橇の列は少しずつ前へと進んでいく。彼らは目標の木をまわり、いまやゴール地点であるもとのスタート地点まで戻る。そして、賞品に最初に届いた者が勝者となる。この際、いくら賞品の近くまで来ていても、それに届かなければ勝ったことにはならず、あくまで最初に届いた者が勝者となるのである。さらにこの時、賞品に届いた者だけではなく、この列の最後にいた者も同時に勝者となる。

なお、この象徴的なトナカイ橇レースは、「経験ある人」である老人が夢を見て、これを行う方が良いということをその人に告げて催される。この助言に基づき、その人はトナカイ橇レースを開催することを決め、人びとに知らせる。これは、その人の所に、その年たくさんの子トナカイが生まれ、あるいは何らかの理由で、多くの品物がある時に行うという。

†トナカイ橇レースの隠された意味

コリヤークの象徴的なトナカイ橇レースを北アメリカのトナカイ狩猟民の獲物の分配方法と比較してみると面白い。カナダの北方森林帯のインディアンは、狩猟の獲物であるトナカイは、キャンプに持ち帰れば、そこにいる人びとに分配される。トナカイは狩人の個人的な所有物ではなく、キャンプで一緒に生活する人びとのみならず、その時キャンプを訪れた人びとをも含めたすべての人びとに行き渡るように分配される。

これに対して、コリヤークのような遊牧民ではトナカイは各家族の所有物である。トナカイの耳には切れ込みにより所有者の印がつけられている。したがって、ある家族のトナカイの群れがたくさんの子どもを生んだからといって、他の家族がそれを利用することはできない。それぞれの家族はトナカイの健康に細心の注意を払い、放牧のために働き、あるいは守護霊のギチギに食物を捧げ、様々な霊にトナカイを供犠し、トナカイを管理している。しかし、病気や事故や気候などによりトナカイを失う者がいることも現実である。このような富の不平等に対し、彼らは新たな生産物の分配の機構を作り出したに違いない。これが、象徴的なトナカイ橇レースの隠されたもう一つの意味ではないだろうか。

もちろん、賞品の出る他の競技や、様々な祭礼において客人のために特別なトナカイを用意し食事をふるまい、その肉の残りをすべて持ち帰ってもらうという儀礼的なきまりの背後にも、このような意味があるだろう。それは、北西海岸インディアンのポトラッチのように大がかりな饗宴の形式をとったり、あるいはそこである出来事を社会的に認知させることが前面に出ることはないが、富の再分配に寄与していることは事実だろう。

†コリヤークの「もてなし」

もっとも、競技を通した富の再分配は、現実的な効果よりも、象徴的意味の方が大きいかもしれない。私が初めてコリヤークの家を訪れた時、主人は日本ではどのように客人をもてなすのかと私に聞いた。彼はたくさんの食事をテーブルいっぱいに並べ、私たちをもてなした。私は彼の質問に何となく答えたものの正確な答を見つけることができず考えていた。すると彼は、「ここでは人をもてなすと、家が良くなるといわれているのだ」とコリヤークの「伝統」を説明してくれた。

後日、私は、彼の質問に対する一つの答として、日本の福の神と貧乏神の昔話を持ち出し、良いこころを持った人の家には福の神が住みついて裕福になるが、人を妬《ねた》み悪いこころを持った人の家には貧乏神が住みついて、いくら働いても貧乏のままなのだと語った。

この時、彼はうなずいて、「コリヤークの伝統でも、人のものを妬み、悪口をいうと同じことが自分の身にふりかかる。例えば、人が足をくじけばよいのにと思うと、自分がそうなるのだ」と語ったのである。

トナカイを所有することで人びとの間に富の差が生まれる。そこで、人びとが他人を羨んだり、妬んだりすることは当然なのかもしれない。コリヤークの「伝統」はそのようなこころを持つことは良くないのだという社会的な規範を作り出した。しかし、同時に、彼らは富を持つ者がそれを賞品として提供し、技術ではなく運によって、それが人びとに再分配されるという機構をあみ出すことで、富を持つ者は他人からの妬みを回避し、同時に人びとは彼らの間の平等性を確認することを可能にしたのである。

†循環と平等原理

もっとも、富の再分配という言葉は経済学的な用語であり、彼らはこれを、ものの循環と捉えている。「人をもてなすと家が良くなる」というのは、もてなした行為や品物が、今度は自分の所に戻ってくるとする考え方に他ならない。だから、競技に賞品を出す主催者も、それらのものがいずれは自分の所に戻ると信じているはずである。

私はカナダのトナカイ狩猟民たちの間で、ある品物が決して一人の人の所に留まることがないのを見てきた。人びとは帽子や手袋を惜し気もなく交換していた。それをしない者は「アシガニンタン（けちん坊）」と呼ばれる。私が一大決心をして友人に贈った防寒服は、次の日にはその友人の友人に渡り、彼は得意気に私の所にそれを着て見せにきた。ものは、人の手から手へと循環し続けていた。それが彼らの間の人間関係を作り、生き生きとしたものにし続けていたのである。

一人の人がものをため込むことがない、この狩猟民の平等原理というわかちあいのこころは儀礼や祭りに形を変えながらも、このトナカイ遊牧民であるコリヤークの社会でも生き続けていたのである。

さらに、コリヤークの象徴的なトナカイ橇レースにおいて、この開催が老人の夢によって決まることは重要である。この「経験ある人」である老人は社会における人間関係を観察し、夢という超自然的力を用いることで、その人間関係の調整を行っていることになるからだ。彼らは決してシャマンという言葉を用いないにもかかわらず、ここでは明確なシャマニズムの実践が行われているのである。

象徴的なトナカイ橇レースは、本物のトナカイ橇レースと同様、人びとが集まり楽しむ祭りであり競技である。しかし、その背後にはものの循環や人間関係についての彼らの伝統的な考え方があり、それが「経験ある人」の夢の力で調整されているのである。それは人びとの平等性の再確認の場であり、祭りを通して持つ者もそうでない者も実は同じ人間なのだということを体現する場となっていたのである。

第五章 モンゴルのシャマニズム

1 草原いっぱいの羊

†草原地帯への進出

モンゴルの遊牧に関して、私はモンゴル国、中国内蒙古自治区、新疆《しんきょう》ウイグル自治区、青海《せいかい》省に何度か行き、各地で遊牧を見、また話を聞いた。そこで彼らが羊、ヤギ、牛、馬、ラクダ、ヤクなどの家畜の頭数をある一定数以下に制限しようとすると聞かされたことはなかった。

もちろん、私が聞いた例数は限られており、異なる事例もあるかもしれない。しかし、一般的に、彼らは家畜を増やせるだけ増やす。しかも、彼らにとって最も理想的なのは、草原いっぱいに、見渡す限り自分の所有する家畜が草を食んでいる様子を眺めることだという。実際、

モンゴル、馬竿と紐で馬を捕獲する

私は草原や山の斜面や川辺に一面の白い点になって広がる羊の群れと、それを座って眺め、あるいは馬に乗って群れから離れた羊を追う牧夫の姿を見てきた。

また、私はモンゴル国北部の山地における遊牧を見たが、そこでは小さな谷の中で比較的少数の家畜の放牧が行われていた。山地の森林地帯では狩猟も行われ、様々な森林の中の植物が採集され利用されていた。これは、私たちがイメージする草原における典型的なモンゴルの遊牧ではない。しかし、もし遊牧が狩猟を基盤にして、複合的な生計活動として発生したのであれば、これは遊牧の初期の形態、もしくは家畜を失ったレベル・ゼロの状態といえるかもしれない。

さらに、モンゴルの遊牧では、草原に広がる多数の羊やヤギの群れの制御と管理のために、トナ

モンゴルの草原とゲル（住居）

カイ遊牧に橇用のトナカイが不可欠だったように、乗馬用の馬が必要となる。羊の家畜化は約一万年前の農耕文明に伴って見られ、農耕との複合生計活動としての小規模な家畜の放牧、さらには中規模の家畜飼育に特化した遊牧はヒマラヤ地域をはじめとして世界各地に見られる。

他方、約五〇〇〇年前の中央アジアで馬具が出土していることから、馬の調教と家畜化はそれ以前には行われていたことになる。したがって、モンゴルの草原での大規模な遊牧は、羊の家畜化と馬の調教の両者が組み合わされて成立したはずだ。そして、家畜の頭数の増加に伴い、家畜と人びとは広い草原地帯へと進出していったのではないだろうか。実際、現在でも狭い谷を出た開けた大きな谷や広い草原には、大規模な家畜の群れと何十張りもの半球型の住居であるゲルが展開している

モンゴル、ヤギと遊ぶ子ども

のである。

†制御不能な家畜たち

家畜の頭数を制限しようとする人間の側の意思がなければ――もちろん気候や病気という自然条件で家畜の頭数が減少することはあるにしても――家畜の頭数はある値を越えると増え続け、トナカイ遊牧でいえば第四段階、すなわち制御不能の状態へと入っていく。こうして、家畜が増え続けると、人びとは次々と新しい草原へと移動していかねばならない。そこでは、かつて日本調査隊が内蒙古で見たように、人間が家畜の群れの移動を制御するのではなく、家畜の群れの移動にしたがって人間の方がついていくという状況が見られる。彼らは一年間に一〇〇回以上も移動することがあるという。つまり、三日に一度移動している

内蒙古の相撲

ことになる。ここでは、生態学的には家畜の群れの頭数と移動とが制御されていない状態にある。
　もっとも彼らは、これが制御不能であるとは認識していない。彼らは制御しないのである。広大な草原が広がり、家畜の増加が移動に適応した生活に支障をきたさないのであれば、群れの頭数を制御する必要はない。モンゴルでは家畜の肉も利用するが、基本的には乳製品の利用が主であり、家畜はなるべくは殺さない方がよいという理念がある。これがいっそう家畜を増やす結果を生むことになるのである。
　家畜の群れが自己増殖を続け、新しい土地へと拡大を続ける遊牧は、必然的に他の遊牧民との草地の利用をめぐる対立を生む。このため、牧夫は戦士となり、遊牧民は馬の機動力を背景に強力な戦闘集団へと変化する。そこでは、他の遊牧民を配下におさめ、あるいは連合し、神格化されるような強力なリーダーシップのもとに、戦闘集団としての部族、国家あるいは帝国が形成される。モンゴル帝国の出現である。

祭礼は彼らの世界観を反映するだけでなく、戦闘集団としての能力を競うための馬術や相撲や弓技が強調され、神のもとでの結束が強化される。こうして、遊牧文明はユーラシアを席巻した。それは、遊牧の持つ宿命であったかもしれない。家畜の頭数を制御しない遊牧の状態は、それが他の文明を征服し、遊牧文明そのものが解体するまで拡大を続ける他なかったのだ。

†文明誕生の原理

遊牧についてのこのような解釈は、北方ユーラシアの文明史と矛盾するものではない。さらに、これは遊牧が、決して閉鎖的な生態系の中で自己完結しないばかりか、自然と人間との調和的な共生関係にあることを意味しない。逆に、遊牧とは開放的な生態系において自己完結せず、変化し続ける人間と自然との間の動態といえる。

もちろん、すべての遊牧がそうであるというわけではない。カムチャツカのトナカイ遊牧はもとより、特に現在のモンゴルや内蒙古では、定住政策により限定された空間での家畜の管理がなされている。ここで私が述べているのは、遊牧がある一つの方向に進んだ時には、食料生産が本来そうであるように、それまでの自然と人間との間の生態的平衡が一気に破れ、その結果、文明と呼んでもよいような新たな人間と自然との関係が発生するということだ。そして、この新たな文明は、多くの文明がそうであるように、人びとの意思にかかわらず膨張を続け、やがては消滅に至る。それが北方ユーラシアの文明史において一時期実際に起こったのである。遊牧とはこのような人間と動物との間の動態なのだ。

さらに、モンゴルでは、父なる天（テンゲル）と母なる地、そしてその間にいる人間という壮大な宇宙観が見られる。シャマンは神々の託宣《たくせん》を人間に告げ、治療に携わる。モンゴルのシャマニズムは、北方の狩猟文化と深く関わり合いながらも、遊牧文化の展開、さらには歴史的経過に伴うその時々の国家との関係、あるいは仏教、キリスト教、道教など様々な宗教との接触と受容により変化してきたばかりでなく、西はブリヤートから南は内蒙古に至るそれぞれの地域と民族における変異を含んでいる。モンゴルでは、チンギス・ハーンとともにシャマニズムは現在に至るまで一貫して人びとのこころのよりどころとなっているのである。

2 シャマンの歌と治療

†歌と舞踊による霊の招請

内蒙古、ホルチンにおけるボ（シャマン）の演出は、超自然的世界と自然世界、そして過去と現在とを仲介するシャマンの活動を作動させるための様々な舞台装置から構成される。その目的の一つは依頼者を治療することにある。そのため、刀、鞭《べん》、ボを守護する「こころの鏡」、ボを助ける人形のオンゴット、そしてオンゴットに捧げるための酒が小さな机の上に置かれる。机は祭壇として部屋の西側の壁につけて置かれる。また、ボ自身が身体に着ける多くの細長いリボン状の飾り布がついたスカート、冠、九個あるいは一一個の青銅の鏡を吊るした革製の帯、柄のついた単面の太鼓は、シャマンが超自然的世界で霊的活動を行うために必要な象徴的道具である。

また、一二段のボの歌と舞踊は、様々な神々への拝礼と招請《しょうせい》、そしてシャマニズムの歴史についての語りから構成される。招請された様々な霊に守られたシャマンが、彼の崇拝する祖先のシャマンの霊と同一化することで、超自然的世界を自然的世界に出現させ、霊的治療の実行

内蒙古のシャマンの歌と踊り、師匠のボ（左）と弟子（右）

を可能とするのである。

ホルチン・ボのシャマニズムの実践は一二段の歌と舞踊により演じられる。それらは、（一）ボルハン（仏）への祈り、（二）テンゲル（天）への祈り、（三）ジャヤチ（家畜の神）への祈り、（四）ネーネ・ボグド（祖母神）への祈り、（五）ボモル（天の人）への祈り、（六）オンゴットへの祈り、（七）ドルブン・デブテル（四つの経）への祈り、（八）ボの源（ホブグタイ）への祈り、（九）師匠（バクシ）への祈り、（一〇）崇拝するもの（祖先のボの霊、シュトクル）を体の中に入れるための祈り、（一一）病気を治す祈り、（一二）崇拝する霊を送る祈り、である。

それぞれの段は異なる神々や霊への祈りや要請であり、全体としては、ボが様々な神々に祈り、招請し、崇拝する祖先のボの霊を身体に入れ、依頼者（患者）の病気を治し、最後に自分の崇拝する霊を送り返すという構成になっている。病気を治すためには、酒を患部に吹きかけるなど、必要な処方を行い、あるいは、身体から離れている病人の霊を呼び戻し、病人に憑いている鬼（悪霊）を追い払うという方法がとられる。

シャマニズムの実践について、シャマンのスーリンチン氏は、崇拝するもの（シュトクル）とはボであった彼の祖父（母の父）の霊を意味すると語る。なお、七二歳になるスーリンチン氏は内蒙古、ホルチンにおける伝統をもっともよく継承し治療を実践し続けているボ（シャマン）として、人びとの厚い信頼を得ている人物である。彼からは、柔らかな物腰と笑顔に見られる優しさとともに、強い責任感と誠実な人柄が感じられた。

ボというのは、踊ったり歌ったりしないことには霊がやってこない。その間に、決まった方向に向かって招請するのである。天のため、またオンゴットのためには助手と二人で場所を交代しながら踊る。崇拝する霊を招請する時には、一カ所でまわって踊る。その時に、崇拝するものが自分の体の中に入る。そうすれば依頼者の病気は治る。この間、自分は霊のいうままになり何もできない。最後に霊が出たら、苦しくなり少し吐きそうな感じがする。また、霊が入っている時は、自分は何をしゃべっているかわからない。入った霊が喋るからだ。自分の身体と口を借用して霊が行動するのである。

†霊による治療

さらに、モンゴル人の伝統的な考え方では、普通の人にはそれぞれ三つの霊（スンス）があり、一つは身体に憑《つ》いているもの、一つは影に憑いているもの、そして一つは自分のまわりにいるものである。人の死後、普通の人の霊は人間になるかもしれないし、動物として生まれ変わるかもしれない。また、一八の地獄に落ちるかもしれない。しかし、ボの霊は必ず崇拝するものになる。ボが死んだら、その霊が飛んでいき、モンゴルにある白雪山《はくせつざん》に集まりそれぞれの場所を占めるという。そして、自分に入るのはこの祖父の霊だとスーリンチン氏はいう。

また、自分が生まれつき持っている霊は常に自分の体にいるが、自分の崇拝するものを呼ぶと、自分の霊が外に出る。自分の霊が出なければ祖父の霊が自分の中に入ることができないからだ。さらに、この時、祖父の霊と自分の霊は同時に入って出る。自分の霊が出てから時間が経てば、祖父のスンスは入りにくくなる。祖父のものは脇の下から入り、同時に自分の霊は頭の上から出る。この頭の上（前）というのは子どもの時に柔らかい部分である。

したがって、ボはシャマニズムの実践において、自分の崇拝する霊を体の中に入れる。崇拝するものはボの冠によって象徴される「白雪山」にいる祖父の霊で、ボがまわって踊り、招請することでやってきて、ボの霊と入れかわりにボの体の中に入る。

実際の歌と踊りによる病気の治療は次のように行われた。依頼者は椅子に座ったボの前にやってくる。ボは酒を口に含み、フッと依頼者に吹きかける。そして、少量の酒を依頼者に飲ます。依頼者の右手の、次に左手の脈診《みゃくしん》を行う。ボは依頼者に何か告げるが、言葉の意味がわからないらしく、助手がボと依頼者の横に立ち、ボの言葉を依頼者に伝える。なお、二三歳になる助手の女性はボとなるための教育を受けている弟子だが、現在の役割は病人とボとを仲介することである。ボ自身は霊が入っていて自分が何を話しているかわからないので、病人への通訳が必要になる。

後に聞いたところでは、依頼者は首の後ろが痛かったが、ボの診断によればこれは治るということだったという。治療後、ボは太鼓をとって打ち、椅子から立ち上がると、その場で右にまわる。強く太鼓を打ち、休息に入り、冠とスカートをとる。村での治療には、病人は何人来てもよいとのことだった。このようにして、一人ずつの病人に治療を行うのである。

†病気を治す歌

病気を治すために歌われる祈りには大きく分けて二つの種類がある。一つは依頼者の霊を呼ぶための歌で、もう一つは依頼者の霊に害を与えていた鬼を追放するための歌である。まず、その第一の種類として、「霊を呼ぶ」(歌二九、哲里木盟文化処〔編〕一九八六)では次のように歌われる。

捧げたいけにえが供えられた、
神曲を歌ってあなたを呼んでいる、
人の身体を司る霊魂よ、
帰って、帰って。

どうして常に後ろを見ている、
どうして衿《えり》で顔を隠している、
どんな悔やみがあるのか、どんな悩みがあるのか。
我らボに言ってよ。

あなたを低いところに埋葬したか、
鈴を叩き太鼓を打って読経の声を聞かなかったか、
僧侶に風水を見てもらわなかったか、
あなたの悩みはここにあるのか。

あなたを砂丘で押さえたか、
マニの真言がここを照らさなかったか、
ラマに教えてもらわなかったか、
あなたの悩みはここにあるのか。

紙銭《しせん》を十分燃やさなかったか、
法師に道を教えてもらわなかったか、
身につく霊魂よ帰ってきてよ、
どうして一人で悩んで自分を苦しめるのか。

逢う前には山の三頭の獣、
相談してからは我らは同じ祖師の弟子だと知り、
逢う前には草原の三羽の白い鳶《とび》、
逢ってからは一家のように親しい。

欲しいものをすべてきみに、
持っていきたいものをすべて持っていって、
霊魂よ、身体につくよ、
ボはきみの要求にすべて応じる。

ここで、何らかの原因で身体を離れている病人の霊に向かってボは「どんな悔やみがあるのか、どんな悩みがあるのか」と語りかけ、様々な悩みの原因を歌い、「どうして一人で悩んで自分を苦しめるのか」と諭す。そして、依頼者の霊に対し「逢ってからは一家のように親しい」と同じ仲間であることを表明し、「ボはきみの要求にすべて応じる」から、帰って再び「身体につく」よう霊に要請する。同様に、「霊を呼ぶ」(歌三〇)では、以下のように歌われる。

長柄《ながえ》のない車は人がどこに座るのか、
霊魂が鬼に捕まったらどうやって生きるのか、
帰ってよ、宝の霊魂、
ボがあなたのため悪魔を退治した。

輪のない車は人がどこに座るのか、
霊魂が鬼に墓に持っていかれどうやって生きるのか、
帰ってよ、宝の霊魂、
老いたボがあなたのため悪魔を追い払った。

白い鳶は翼がふたつ、
地獄の大門は一つだけ。
帰ってよ、宝の霊魂、
ボがあなたのためすべてを担う。

文句をつけて選ばずに、
あれこれと恐れずに、
帰ってよ、宝の霊魂、
ここにあなたの欲しいものが揃っている。

ここでは、依頼者の霊が鬼に捕まっていたのをボが退治したので、霊に帰ってきてほしいと要請している。また、「ここにあなたの欲しいものが揃っている」と述べ、「ボがあなたのためすべてを担う」とボが霊の要求の保証を行うと表明するのは、前述の歌と同じである。また、「長柄のない車は人がどこに座るのか」「輪のない車は人がどこに座るのか」と霊を車の長柄や輪に喩え、それが車の本体である身体から分離した状態が病気であり、治療のためにはその原因である鬼を追い払い、病人の霊をもとどおり身体につけることが必要であると歌われる。

†恋の病を治す歌

さらに、「オドガン・ドライ」(歌三四)と名づけられる祈りには、ボのトマンバヤルと女性のボである小弟子のドロマが若者の王貴の恋の病を治すための歌詞が見られる。すなわち、

若者の王貴が病気にかかり呻吟《しんぎん》すると、
父母は耐えられるのか。
ボのトマンバヤルを招くと、
小弟子のドロマは来なくてもいいのか。

若者の王貴が病気にかかり呻吟すると、
母なる者は耐えられるのか。
ボのトマンバヤルを招くと、
女の弟子のドロマは来なくてもいいのか。

と若者が病気であり、父母が心配していることが歌われるのに続き、

ボのトマンバヤルが迎えられ、
歩いたり回ったりひとくぎりし、
病人の顔色を細かく見て、
弟子のドロマは彼の病気を治せるのか。

ボのトマンバヤルがやってきた、
回って回って半日間歌い、
病人の様子を繰り返し見て、
弟子のドロマは彼の病気を治せるのか。

模様の服をドロマは着て、
竈《かまど》と扉に向かい、
太鼓を持って叩き、
王貴兄の病気は治るはずだ。

とドロマが病気を治せることが歌われる。さらに、ドロマが病人の霊を呼ぶと、地獄の入口まで行った霊も戻ってくるはずだと歌われる。すなわち、

鳩の尾の羽で造った矢羽根《やばね》、
五色の絹でやなぐいを飾って、
綺麗なドロマはあなたを呼び、
地獄の入口に行っても戻ってくるはずだ。

鷲《わし》の尾の羽で造った矢羽根、
九色の絹でやなぐいを飾って、

綺麗なドロマはあなたを呼び、
地獄の入口に行っても戻ってくるはずだ。

続けて、王貴の病気の原因が次のように歌われる。

雄の山鳥が飛んでいった時に、
杏の樹の下が空いてくる。
愛するドロマがいない時に、
若い王貴のこころが空いてくる。

雌の山鳥が飛んでいった時に、
柳の樹の下が空いてくる、
愛するドロマがいない時に、
若い王貴のこころが空いてくる。

煎薬《せんやく》を飲んでも治らない病気、

五人のラマが経を読んでも治らない病気、
思想が迷ったこの病気は、
恋人の姿を見れば治るのだ。

粒の薬を飲んでも治らない病気、
九人のラマが経を読んでも治らない病気、
夜が眠らないこの病気は、
思いあう声を聞けば治るのだ。

この歌の内容は、ボの源であるホブグタイの伝説に述べられる「アンダイ」を思い起こさせる。アンダイでは、様々な原因で病気になった女性に対し、アンダイ歌手がそのまわりをまわりながら歌うことで治療するが、それらの原因の一つに恋の病がある。病気を治すための祈りの歌に、鬼により捕らえられた霊を呼ぶ歌と、恋の病のためにこころが空いていることを歌う歌があることは、シャマンは依頼者の病気の種類を見極め、それに応じて適切な歌を歌うことを意味する。シャマンは単に一連の歌を歌っているだけでなく、そこで依頼者の適切な診断を行い、積極的な治療を行っているのである。

†鬼を追い払う歌

さて、これまで病気を治すための第一の種類の歌について述べてきたが、第二の種類の歌として、依頼者の霊を捕らえていた鬼を追い払うための歌がある。「骸骨《がいこつ》－鬼を送る曲」（歌三五）では、次のように歌われる。

この悪党奴早く行って、
骸骨、骸骨、骸骨、
おまえの要害を捕まえたぞ、
骸骨、骸骨、骸骨、

このぶらぶら歩く奴、
骸骨、骸骨、骸骨、
おまえの要害を捕まえたぞ、
骸骨、骸骨、骸骨、

綺麗な替わり身が造られた、
骸骨、骸骨、骸骨、
おまえの要害を捕まえたぞ、
骸骨、骸骨、骸骨、

造られた替わり身をあなたに捧げ、
骸骨、骸骨、骸骨、
人間の骨ではめ込んだ、
骸骨、骸骨、骸骨、

綺麗な替わり身をあなたに供え、
骸骨、骸骨、骸骨、
子どもの骨で彫ったのだ、
骸骨、骸骨、骸骨、

人に害を与えにいく途中であなたに与え、

骸骨、骸骨、骸骨、
早く持って去ってよ、
骸骨、骸骨、骸骨、

ここでは、鬼に身代わりを供えることで、早く持ち去るよう歌われる。この身代わりを鬼に与えることについては、「デデルマイ（替わり身を行かせる）」（歌三七）でも以下のように歌われる。

あなたの欲しいものをすべて与えた、デデルマイ。
あなたに最も良い服装を着せた、デデルマイ、
衿には六つの真珠をつけた、デデルマイ、
これはあなた自身で頼んだ様式だ、デデルマイ。
妖怪、すべてをあなたのために満足させたのだ、デデルマイ、
まだ持ち去ってないのか、デデルマイ。

すなわち、病人の霊を捕えていた鬼に病人の身代わりを与え、満足させて去ってもらうこと

で、依頼者の霊をもとの身体につかせ、病気を治療するという論理が明らかになる。

3 シャマニズムの宇宙論

†シャマニズムにおける垂直的宇宙論

シャマニズムの実践では、最初にボルハン（仏）への祈りを行うが、それに続く様々な神格や霊に対する祈りや招請は、本来のシャマニズムの観念に基づいている。政治的にラマ教に順応し、またそれについての伝説が語られるにもかかわらず、彼らの宇宙論はシャマニズム本来の宇宙論を根本的に解体することなく、それにボルハンを加えたものとなっている。

ホルチン・シャマニズムの宇宙論においては、様々な神々や霊が垂直的に位置づけられている。例えば、オンゴットについて、「オンゴットは天よりも下にあり、さらにボモル（天の人）よりも下にある」と語られる。また、ネーネ・ボグド（祖母神）は空中に浮かぶ水の宮に住むが、春と秋にこの宮に降り、さらに人びとの住んでいる村々にやってくると歌われる。ジャチ（家畜の神）は、「牛山の山麓」「エレデニバンバイ嶺上」「花山の山麓」「金なるバンバイ嶺」に現れると歌われることから、山と関連づけられていることがわかる。

また、ボモル（天の人）は天から降ろされ、またそこで祭られる「ドルドチン山」と関連づけられ、垂直的には天と人間との中間に位置づけられる。さらに、ボの源であるホブグタイ、崇拝する祖先のボの霊は白雪山にいて、その頂上にある白檀《びやくだん》の樹と鳥に関連づけられる。これらのことから、シャマニズムの宇宙論において天と地が垂直に位置づけられ、それらを結ぶ山が重要な意味を持つことが明らかになる。

天と地の関係について、天（テンゲル）は上空におり、地下には海（水）の主（ロス）がおり、地面の上の中間の宇宙に我々人間がいると語られる。また、モンゴルにおける女神エトゥゲンは地の女神であり、天に対するものだ。したがって、宇宙は天と地とその中間にいる人間からなり、さらに、地下には水の主がいることになる。

また、山が天と地を結ぶものであることは白雪山の樹が地を象徴し、鳥が天を象徴することから明らかである。さらに、鳥が天と地を結ぶシャマンの象徴とも見られるため、鳥のとまる樹を、天と地を結ぶものとも解釈できる。さらに、人びとは山の上に、木の枝を中心に立てた石積みであるオボを作り、ここで天を祭り、また天と水の主を結びつけることにより雨乞いの儀式を行う。このようにして、天や地との交信を行うのがシャマンなのである。

なお、魂、鳥、宇宙樹《うちゆうじゆ》のイメージは中央および北アジアに特有のものであり、ゴルディ、ドルガン、ツングースは生前、子どもたちの魂は小鳥のように宇宙樹の枝にとまっており、シャマンはそこへその魂を見つけに行くと考えている。この考え方はモンゴルのシャマニズムの宇宙論に近い。しかし、メソポタミアやインドに源流があるとされる世界の中心としての宇宙山の観念、そして中心軸としての宇宙樹が天、地、地下の三つの宇宙領域を連結しているという観念、あるいは、西アジアのセム人に見られる海に囲まれた地の中心としての聖なる山、それぞれが海を持つ天、地、地下という三つの部分からなる宇宙、海の象徴としての蛇、太陽の象徴としての鳥という観念は大文明における完成された宇宙論を示しており、モンゴルの宇宙論とは必ずしも一致しない。

モンゴル・シャマニズムの宇宙論の特徴は天、地、地下という垂直的宇宙で、天と地の中間に人間がおり、シャマンが山や木や鳥という象徴を用いて、宇宙の神々と交流する点にある。すなわち、世界の中心としての宇宙樹という大文明を支える一神論的宇宙論ではなく、様々な天を祭り、病人を治療し、シャマニズムを作動させるための人間的、かつ実践的な宇宙論がここにある。

†「アンダイ」とシャマニズムの復活

シャマニズムへの明確な信仰は、「ホブグタイの伝説」の異伝（伝説二、変異四）に興味深い話として語られる。ここでは、ホブグタイが仏の方術に敗れ、失敗を認めた後、白い雪山の一本の聖なる白檀の樹の上に住み、仏に従って山の洞窟の中で技を学ぶ。これが終わってから、師匠は彼を下山させたのであるが、これに続いて次のように語られる。

ホブグタイは洞窟を出たところで、一人の女の人に逢った。この女の人が道端にどのくらい座っていたかわからないが、ただ彼女の髪の毛に山鳥が巣を作って二個の卵を産んでおり、耳の中にも二巣の蜂が住んでいるのが見えた。ホブグタイが、「おまえはここで何をしているのか」と聞くと、女の人は、「私はここで機会を待っていて、もう一八年間になる」と答えた。ホブグタイはこれを聞くと感動し、「おれが山から下りる時に師匠がおれに贈った白いハンカチには、五つの鳶が描いてある。この鳶が描いてある白いハンカチとおまえの髪の毛の卵と耳の蜂の巣とを交換してよいか」と言った。女の人は喜んで交換して、ハンカチを持って行った。ホブグタイが卵と蜂蜜を食べると、また太鼓にのって天に上がることができた。あの女の人は鳶の描かれた白いハンカチを手にいれてからは、「アンダイ」歌手になった。つまり、これはアンダイが鳶を歌うことの起源だ。今でも白鳶をもっぱら歌うモンゴル・ボがいる。

アンダイについては、「ホブグタイの伝説」(伝説二、変異二)に、ミロク仏がホブグタイの父親のナランゴンチグに、ラマが治療できない霊が祟《たた》りをした病気の治療方法を教えたと述べられるところで、「特にアンダイ病はボしか治療できないことになった」と語られている。アンダイとは、主としてこの「アンダイ病」である若い女性の精神疾患を治療するための歌と踊りからなるモンゴルの文化的儀礼で、特に一七世紀に発展し、二〇世紀中頃まで広く行われていた。

ここでは、アンダイ歌手が疾患の原因を様々な質問からなる歌で明らかにした後、歌によって助言を与える。回復した病人はアンダイ歌手に加わり、治療は娯楽へと移行する。なお、この際アンダイの場の中央に車軸が立てられ、白いハンカチが結びつけられる。そして車輪の下には麦などの穀物の入った鉢が埋められる。

これらのことから、アンダイは木やオボのまわりをまわって踊るモンゴルの父への信仰、さらにそれに続く両親への信仰に基づく儀礼と軌を一にするもので、母なる木は車軸に、父なる鳥はハンカチに、卵は穀物の種にとって代わったとされる。すなわち、アンダイはシャマニズムと再生産の儀礼なのである。

このようなアンダイの象徴的解釈は、アンダイの起源について語る「ホブグタイの伝説」を理解する参考となる。すなわち、ホブグタイが女の人に与えた鳶の描かれた白いハンカチは鳥でありシャマンであるホブグタイ自身を象徴し、同時にそれは父親である天の象徴でもある。

そして、交換によって得た卵は生命の源で、再生産を象徴する。また、女の人の耳の中の蜂の巣は卵と同様に再生産の象徴である。あるいは、ブリヤートがミツバチは人の霊だと考えていることに基づけば、ボが自分の崇拝する祖先のボの霊を招き、憑霊《ひょうれい》させるというシャマニズムの実践の象徴ともなっている。

さらに、仏によって調伏されたホブグタイのいた洞窟、一八年間待っていた女の人はともに、不活動の状態である死を象徴する。また、彼女の髪の毛は樹を象徴し、それは同時に母親の象徴となる。洞窟を出て山を下りるホブグタイは死から生へと帰還し、再び天に上がることのできるシャマンとなる。座って待っていた女性は天に対する地を象徴し、彼女の髪の毛の中の卵と耳の中の蜂の巣は祖先のボの霊の憑霊で生まれ出るのを待っていた生命の象徴である。

彼らが逢ってそれぞれの贈り物を交換したことは、父と母、鳥と樹、天と地というそれぞれ対立するものの同一化とそこから生まれる新たな生命を象徴する。これは、白い鳶を歌い、また手に白いハンカチを持って踊るアンダイ歌手に見られるように、アンダイの儀礼的な再生産の宇宙論を示すのみならず、シャマンが異なる世界を結びつけ、そこに同一性と再生産の場を創造するというシャマニズムの宇宙論そのもののメタファーとなる。

さらに、ここで重要なのは、卵と蜂蜜を食べたホブグタイは再び太鼓に乗って天に上がることができるようになり、また鳶の描かれた白いハンカチを手に入れた女の人は「アンダイ」歌手になったということだ。これは、ボの力の復活と「アンダイ」歌手の誕生を意味し、死から生への転換が起こり、シャマニズムが復活したことを意味するものと解釈できる。

したがって、「ホブグタイの伝説」では、ホルチン・ボの始祖ホブグタイが仏により調伏させられたことが語られるが、ボたちは同時に、明確なシャマニズムの宇宙論に基づきながら、シャマニズムの死と再生の物語をそこに織り込ませているのである。

天地創造の時代に遡る同一化

ボがシャマニズムの演出に用いる冠が「白雪山」を象徴していること、そして「アンダイ」の起源の伝説で、樹、鳥、卵がシャマニズムの宇宙論における宇宙の対立的範疇の同一化と再生産を象徴することはすでに述べた。さらに、シャマニズムの演出において、ボが祖先のボの霊である崇拝するものを身体の中に入れる歌で、「白雪山」の白檀の樹の上にいる祖先のボの霊を象徴する鳥を招請し、ボにつくことを祈ることもすでに指摘した。

すなわち、二元論的宇宙観に基づく樹と鳥、母と父、地と天という対立項の同一化により、卵によって象徴される再生産が可能となる。そして、樹と鳥は「ホブグタイの伝説」に語られるように「白雪山」に結びつけられ、この「白雪山」こそが、ボの源であるホブグタイをはじめ、祖先のボの霊のいる場所となっている。すなわち、現在の外モンゴルに空間的に位置づけられる「白雪山」が、現在のボと祖先のボ、さらには伝説的なボの源であるホブグタイを時間的にも結びつけている。このことは、「白雪山」、木、鳥が飾りつけられ、ボの源であるホブグタイが描かれている冠を、シャマンが被ることに意味される通りである。

そして、崇拝するものである祖先のボの霊が鳥としてやってきて現在のボの身体に入ることは、空間的同一性の場のみでなく、過去と現在との時間的同一性の場を出現させることに他ならない。同時に、これは身体と霊、すなわち自然と超自然との同一化でもある。この同一性こそが再生産という力を生み出し、依頼者の治療と回復とを可能とする。この過程が、シャマニズムの宇宙論的秩序を作動させるボの演出であり、シャマニズムの実践の本質であるということができよう。

ここで、モンゴル人は天および地はかつて混沌たる状態で一塊に混合しており、火は天が地から分離する際に生じたと考えていることが興味深い。また、天を自然界の男性的根源とし、地を女性的根源と見なし、前者は生命を与え、後者は形態を与えるものとし、前者を父と名づけ、後者を母と名づけている。このことから、シャマニズムの演出における同一化とは、分離したものを再び混沌たる状態に回帰させることで、そこから力を取り出す操作であることが明らかになる。天と地から火が生じたことと同様、鳥と樹から卵が生じ、また、ボと崇拝するものから力を生じさせる。

このようなシャマニズム的宇宙論は白鳥と狩人から氏族の始祖が生まれるブリヤートの伝説、「バゴマル・テンゲル（天から降りた天）」が玉皇大帝《ぎょくこうたいてい》の娘と一人の男から生まれたという「ボモル（天の人）の伝説」、あるいは、「アンダイ」歌手の起源についての「ホブグタイの伝説」における共通の背景となっている。さらに、「アンダイ」をはじめとするシャマニズムの実践はもとより、オボ祭りの雨乞いで天と水の主を結びつけ中間の宇宙に雨を降らせるという儀礼にもくり返し登場する。

したがって、シャマニズムの実践における同一性への回帰とは、時間的に天地創造の時代にまで遡るための演出の過程である。先に、ボの身体に崇拝するものが入ることが、ボのいる場所と白雪山との空間的同一化のみならず、現在と過去という時間的同一化を意味することを述べたが、天と地という宇宙の異なる空間的範疇を同一化することは現在と神話的時間とを同一化することに他ならない。その混沌たる状態はもはや時間と空間の区別もなく、時空同一性の場そのものであるといえよう。

それは、異なるものが本来的には同一だったという初原的同一性の場である。この場はシャマニズムの宇宙論にくり返し現れる「卵」によって象徴される。「白雪山」の白檀の樹の上の鳥の巣にある卵、そして、ホブグタイが「アンダイ」歌手になる女の人と交換によって手に入れた卵こそが初原的同一性の場である生命の源なのだ。シャマニズムの実践とは神話的時空間における初原的同一性の場への回帰と、その混沌から秩序への回復の過程であり、そこで獲得した力の行使なのである。

4　シャマンと人びとの願い

†ボになること

シャマニズムの継承にとって、シャマンの系譜的関係と演出の形式化という特徴は大きな役割を持つ。シャマンが社会的に認められ、また形式を通してシャマニズムが師から弟子へと忠実に教育、継承され得るからだ。

私はスーリンチン氏に彼がどのようにしてボになったのか、その時の師匠の役割はどのようなものだったのかについて聞いてみた。彼の祖父は有名なボだった。スーリンチン氏は一一歳の時に病気になり、一三歳まで病気が続いた。一三歳の時に師匠につき、二三歳の時に独立して一人前のボになったという。この過程を、彼は以下のように語る。

「最初は祖父（母の父）の霊が入ってきて病気になりました。ボに見てもらって、この病気は霊が入ってきていると教えてもらいました。つまり、祖父の霊が病気の形で自分の体の中に入ったのです。一一歳から一三歳までは祖父の霊が入ったり出たりして苦しんでいたのです」
また、その病気は「普通の病気ではなく、霊が入った病気です。頭が痛くて、吐きそうな感じで言葉が出てこないのです。意識も不明瞭になることもあります」、そして「弟子になればその病気は治るのです」という。

さらに、スーリンチン氏は自分に入った霊は祖父（母の父）の霊であり、これに関して、ボは皆同じであるという。すなわち、ボはほとんどが母の系譜につながる。したがって、もし自分が死んだら、霊は自分の娘の子どもに行くという。もっともボになるのは男でも女でもいい。
さらに、母の父の系譜を遡った最初のものは誰なのかとの私の問いに、スーリンチン氏は、「ずっと昔のことはわかりません。ただし、自分の祖父はボでした。彼の祖父も同じくボでした。それ以前のことはわからないのです」と答えた。

一三歳の時に師匠についたとはどういうことかと尋ねると、彼は「その時、師匠は私の祖父に『もう君の霊はすでにこの人（スーリンチン氏）の体に定着するようになっている。だから、この人は君の霊を持っていく』といった。そして、私はボになったのです」と答えた。またその後、一人前のボとして認められた経緯については「一三歳まで色々学びました。師匠も年をとったので羊かヤギを殺して、オンゴットを祭り、自分の祖父の霊を喜ばせて、師匠から独立したのです」と語った。

スーリンチン氏は現在、自分が師匠となり弟子を教えている。この経緯については「彼女（自分の現在の弟子）が中学生の時に、ボであった彼女の曾祖母（父の母の母）の霊が彼女に入ろうとしていました。それで、彼女は病気になって勉強できなくなり、私が見たのです。そして、このことを確認すると病気は治りました」と答える。

さらに、「彼女の曾祖母に私は生前会ったことがあります。それで、霊が入ろうとしていることを確認したのです」とつけ加える。その時も、あなたは霊にあなたの師匠がいったようにいったのですかと問うてみると、横で聞いていたスーリンチン氏の弟子自身が次のように答えた。「彼（スーリンチン氏）の師匠がいったことと同じことをいいました。そのおばあちゃん（曾祖母）の霊に安心するようにいったのです」。私がさらに、おばあちゃんの霊は何か答えたのですか、と問うと、スーリンチン氏は、「そしたら『座る（つく）』といったのです」と答え、彼女の病気も治ったという。

また、ボになるのは自分の意思ではなく霊の意思による。これについて、スーリンチン氏は次のように語る。「ボになるのはその霊（祖父の霊）の意思で来るのです」。また、ボになった気持ちについて彼は、「ボになるのが好きな人はいません。これはしようがないことです。さもないと病気が治らないのです」と答えた。

†師から弟子への継承

したがって、ボの師匠は、治療の過程で病気の原因が祖先のボの霊によるものであることが確認された依頼者を弟子とし、そのことで病気を治し、さらにボになるための教育を行う。その後、オンゴットや祖先のボに羊を供えるという儀礼を経て、弟子を一人前のボとして独立させる役割を持つ。

さらに、師匠たちは彼らの前で弟子にボの演技を行わせ、ボとしての資格認定試験を行うこともある。この試験は「九つの山」「二つの困難（双山）」などと呼ばれ、ボの技術の段階を示すものである。

ボになる者に祖先のボの霊がその意思でやってくるという点は、シャマンが精霊によって選ばれるシベリアや北アメリカのシャマニズムの成巫《せいふ》過程と共通する。しかし、やってくる霊が自然や動物の霊、あるいはチベット仏教における神々ではなく、自分の祖先のボの霊であることはホルチン・ボに特徴的だ。ボの社会的継承は系譜関係に基づく具体的な祖先の霊によるものとなっている。

もっとも、ここでシャマニズムの形式が継続するということは、その内容まで不変であることを意味するわけではない。モンゴル仏教を装いながらシャマニズムを語ることに見られるように、その内容はきわめて動的な政治的対応の過程を示す。事実、この半世紀の社会主義の時代さえシャマニズムは生き延び、研究のための「芸能」として演じることを可能とした。ここでは、形式さえも内側にある本質を守るための装置として機能している。過去一〇〇年もの間、様々な宗教─政治状況のもとで、ボたちはこれにしたたかに対応し、演出の中に歴史意識と帰属性（アイデンティティ）を織り込みながらシャマニズムを継承してきたのである。

ホルチン・ボのシャマニズムはおそらく一〇〇年以上にわたる様々な宗教的、政治的状況の中で、その本質を変えることなく継続してきた。それには、シャマンの系譜の社会的認知、シャマニズムの演出における形式の確立、そして師から弟子への教育が大きな役割を果たしている。しかし、病人を治療し、家畜を増やすという実践的な目的、そしてなによりも人びとがシャマンの霊的な力を信じていることが、継続のために最も重要であった。

†人びとの願いに応えるこころ

霊的な力への信仰とは、時代が移り、その対象が変わろうとも、人びとが常に必要とするものなのかもしれない。大宗教や科学では扱うことのできない身近な問題を解決するためにシャマンは霊的な力を行使し、人びとはその力を信じる。唯物《ゆいぶつ》思想であるはずの中国の研究所の研究員がシャマンに恐れを抱き、自分の身体の様子をおそるおそる診てもらうのは、このためだ。

モンゴルのシャマンと助手と依頼者

また、内蒙古では共産党の役人だった男性がシャマンとなり、人びとの治療を始めた。ここでは、現在、若い、新しいシャマンが多く出てきているという。

さらに、モンゴル国では自由化後、辺境のフブスグル県にいたウリヤンハイのシャマンが首都ウランバートルに出てきて仕事を始めた。私が訪れた時、彼女のもとには、病気や悩みを解決してもらうため多くの人びとが集まっていた。憑霊したシャマンは人びとに霊の言葉を発する。シャマンから霊が去りもとに戻ると、再び人びとは彼女に酒を飲ませ、憑霊させる。助手である夫もシャマンから命令されて強い酒をあおり、シャマンの発する霊の言葉を通訳して人びとに伝える。人びとはシャマン本人がどんなに疲れようがお構いなく、霊を呼び出しては必死で悩みを相談し続ける。シャマンは市場経済と自由化という新たな状況の中で、人びとの新たな悩みの需要に応え、シャマニズムを復興させているのである。

内蒙古、ホルチンでは、現在も変わることなく天を祭る。病気を治療し、病気にならないよう、家畜が増えるよう、人びとの願いに応えるため、シャマニズムの実践が日常生活の中で続けられている。さらに、シャマンは自分の信じるオンゴットを祭るため、羊を供犠し、肉を煮てオボの前に置き、村にいる病人を皆集めて祈る。本来シャマンになるのは、自身の病気を治すためだが、それは同時に、人びとの様々な願いに応える責任を引き受けることにもなる。すなわち、シャマンは人びとの願いに応えるこころを持ち、自分に与えられた力を用いて人びとを救うという決意をすることにより、はじめて自分自身の病気も治るのである。

私の、「今後、ボは続いていくと思いますか」との問いに、ホルチン・ボのスーリンチン氏は、「自分自身は死ぬまでは病気を治していって、死んだら自分の霊が孫の所に移る」と語る。続けて最後に、「まわりが発展してきているが今後、ボはどのようになると思いますか」と尋ねると、彼は「まあ、自分のことはこうなっている。だから将来のことは、自分はもう想像することはできないです」とだけ語るのだった。

きわめて静的な外観を保ちながら、内部では歴史的状況に動的に対応し、歴史意識と宇宙論的秩序、そして帰属性を再生産してきたモンゴルのシャマニズムは、彼の謙虚な語りにもかかわらず、人びとの悩みと願いが続く限り、未来へ継承されると考えて決して不思議はないのである。

第六章　ラダック王国と仏教

1　ラダック王国の統合機構

✝ラダック王国の生態的地位

西チベット、ラダック王国は南を大ヒマラヤ山脈、北をカラコルム山脈に囲まれた厳しい地形的条件と生態環境にあり、地理的には中央アジアとインド、チベットとの境界領域を占める。そのため、古来インド、チベット、東トルキスタンなどとの経済・宗教・文化交流を通して、ラダック独自の歴史を展開してきた。

ラダックの主都レーの標高は三五五四メートルである。雨量は年間五〇ミリときわめて少ない。したがって、植生は高山性ステップと石の多い砂漠からなる。気候は一日においても、また年間においても寒暖の差が大きく、レーの七月の最高気温は三三度、一月の最低気温はマイナス二五度に達する。積雪量は少ないが、乾燥寒冷な冬はユーラシア北方の厳しい気候条件とも共通する。したがって、ラダックの自然環境は、高標高、乾燥、寒暖差をその特徴としている。

ラダックの人口は約一〇万人（一九八〇年当時）、その面積は九万七八七二平方キロメートルである。よって、人口密度は一平方キロメートルあたり約一・〇人となる。このうち多くは仏教徒だが他にムスリム（イスラーム教徒）、ヒンドゥー教徒、キリスト教徒を含む。言語はチベット語ラダック方言である。

住民は農耕と牧畜を生業とする。農耕は小麦と大麦の栽培が行われるが、高地では大麦のみとなる。豆、ジャガイモ、野菜の栽培も行われ、またインダス河下流域ではアンズ、クルミ、リンゴ、ナシ、ブドウなどの果樹が植えられる。牧畜は、羊、ヤギ、牛、ヤク、ゾー（牛とヤクの雑種）が対象となる。夏の間、羊、ヤギは村の近くの牧草地に連れていかれ、夜には村に戻される。ヤクなどの大型動物は村から離れた高地にある夏の牧草地に放牧される。ここでは乳がしぼられ、ヨーグルト、バター、チーズが作られる。

しかし、この自然環境と生業形態の特質はラダック王国の閉鎖性を意味するものではない。ラダックはヒマラヤの山脈群に囲まれた近づき難い地理的条件にありながら、決して文化的、歴史的に孤立していたわけではない。逆に、中央アジアとインドを結ぶその地理的位置ゆえに、南北、東西にわたる交易と文化交流を通して、インド、チベットの文明の影響を受けながら、独自の歴史を展開してきた。

例えば、ラダックの主都レーはインドのジャム・カシミールから中央アジアのヤルカンド、カシュガル、コータンへの交易路にあたり、レーはインダス河に沿ってチベットのラサへの通路にあたる。これらの交易路はカラコルム山脈、崑崙《こんろん》山脈、チベット高原、大ヒマラヤ山脈の高い峠を越えるものではあったが、古来、インド、中央アジア、チベットを文化的、経済的に結ぶ役割を担ってきた。ラダック王国の成立と発展はこのような生態的地位に依拠したものであった。

†チベットの歴史と仏教の伝播

ラダックは仏教王国である。仏教はバラモン教（ヴェーダ教、古代ヒンドゥー教）を母体とし、紀元前五世紀頃、ゴータマ・ブッダ（釈尊）により誕生した。紀元前三世紀にはアショカ王の保護を受けて仏教はインド各地に広まる。北西インドのガンダーラに仏教が伝播したのもこの時期であった。

また、一〜三世紀のクシャン朝の時代にはガンダーラとカシミールは仏教哲学の中心地となり、ここから、仏教は中央アジア、東アジア、そして日本へと伝えられた。さらに、クシャン朝のカニシカ王は中央アジアのヤルカンドやホータンを征服し、バルティスタンやラダックを帝国下に置き、多くの仏塔を建てたとされる。ザンスカールのサニにあるカニカ・ストゥーパと呼ばれる仏塔はこの時代のものと伝えられ、ラダックへの最初の仏教の伝播は二世紀頃だったのではないかと考えられる。もっとも、カシミールからの仏教の影響が明瞭に表れるのは八世紀になってからのことである。

他方、チベットでは、ソンツェンガムポ（六〇〇～六四九年頃）の時代、六二九年に吐蕃《とばん》王国が建てられ、仏教の国教化がはかられた。さらに、ティソンデツェン（七五五～七九七年）の時代には、インドから招聘されたパドマサムバヴァのもとにチベットにおける仏教振興がはかられる。こうして、仏教はチベット国教となるが、在来のボン教との間には教義的、政治的抗争が続いた。

インドからの仏教は在来の神々、儀礼を取り入れ、ボン教との融合をはかる。しかし、チベットにおける仏教確立の試みはランダルマ（八〇九～八四二年）による破仏と八四三年の王朝の崩壊により終焉を迎え、チベットにおける仏教の第一次伝播は終わりを告げる。ランダルマの死後、チベットの政治的統一は失われ、地方勢力の分立の時代となる。

仏教の第二次伝播は西チベットに起こる。一〇世紀当時、北西ネパールでカシア族に属するマラ王朝が力を持ち、首都をセムジャに置き、ここからプランを支配していた。この王朝のコルレ王は弟ソンゲに位を譲り、イェシェウの名のもとに出家する。彼は僧院の規律と仏法の再興のために若者をカシミールに送り、仏教を学ばせた。当時、カシミールは仏教の理論と実践に関する伝統を保持していたからだ。リンチェンザンポ（九五八〜一〇五五年）はこれら留学僧の中の一人であった。彼はグゲの王の支配地を中心に多くの寺院を建立し、またカンギュル、タンギュルを含む多くの仏典の翻訳を行った。

†ラダック王国における仏教

ラダック王統史によれば、ラダック王国最初の王朝はランダルマの孫にあたるキデニマゴン（九〇〇〜九三〇年頃）に始まる。彼は中央チベットを追われ、プランのニズンに都を定め、その後、ルトク、グゲ、プランを含むガリコルスムと呼ばれる西チベット地方を征服する。

当時のラダック地方について王統史は次のように述べる。すなわち、マルユルの上手《かみて》ラダックはゲサルの子孫たちにより治められ、下手《しもて》ラダックは小独立公国に分割されていると。ここに登場するゲサルという名称については、仏教以前におけるケサル伝説の王の名を語る王朝がラダックに存在し、それはラダックの先住民だったダルド族と関係があったのではないかと考えられる。しかし、他方でラダック王朝成立以前に吐蕃王国の勢力が、ラダックはもとよりそれ以西にまで及んでいることから、ダルド族ではなくチベット族の影響がラダック地方に存在していたことも無視できない。

ラダックには一五世紀以後、中央チベットから改革派ゲールク派をはじめ、ディグン・カーギュ派、そしてブータンと関連の深いドゥック・カーギュ派などが導入され、王朝の保護のもとに繁栄することになる。

先に述べたインド北西部ガンダーラ、さらにカシミールからの二〜八世紀頃におけるインド仏教の影響を第一次伝播とし、一〇〜一一世紀に西チベットを中心に興ったリンチェンザンポ、アティーシャによる仏教の導入を第二次伝播とすると、この一五世紀以後の中央チベットからの仏教の影響はラダックにおける仏教の第三次伝播となる。

ラダックにおいて現在見られるチベット仏教諸宗派は、ゲールク派、カーギュ派、サキャ派、およびニンマ派である。そしてカーギュ派にはディグン・カーギュ派とドゥック・カーギュ派がある。これらはいずれも一五世紀以後、中央チベットから入ったもので、それ以前は、各僧院はリンチェンザンポ、アティーシャなどインド仏教の影響の強いカダム派に属していたと考えられる。

†ラダック王国の歴史

ラダック王国旧王宮

ラダック王国の歴史は、成立期（九〇〇～一四〇〇年頃）、発展期（一四〇〇～一六〇〇年頃）、衰退期（一六〇〇～一八三四年頃）に分類される。成立期はキデニマゴンからロトチョクダン（一四四〇～一四七〇年頃）に至るラダック王国第一次王朝の時代。発展期はラチェン・タクブムデ（一四〇〇～一四四〇年頃）からセンゲ・ナムギャル（一五六九～一五九四年頃）に至るラダック王国第二次王朝前半期の諸王の時代である。

第一次王朝と第二次王朝とは年代的には重複するが、実質的な交替があったのは一四七〇年頃のラチェン・バガン（一四七〇～一五〇〇年頃）の時だったと考えられる。衰退期はデルダン・ナムギャル（一五九四～一六五九／六〇年頃）からツェワンラプタン・ナムギャル（一八三〇～一八三五年）に至るラダック王国第二次王朝後半期の諸王の時代である。

経済機構については、ラダック王国の成立から発展に至る経済的基盤として、長距離交易という交易経済が重要な役割を果たす。この交易経済の特徴はラダック、チャンタンなど西チベット高地産のヤギ毛であるパシュムのカシミールへの原料輸出、および中央アジア、チベット、インドとの間の東西・南北長距離交易における中継交易活動にある。ラダック王国の政治機構は王朝、官僚、僧院により構成され、租税および関税は国家歳入として王と宰相の利益となる。さらに、交易商品の関税免税の特権が王と官僚にあり、彼らによる交易商業活動に利益を与えた。

ラダック王国の特徴は、内部完結性という閉鎖性ではなく、政治的境界および宗教的境界を越えて文化、経済交流を可能にする透過性にある。経済、文化交流の担い手はカシミール商人であり、さらにヤルカンド商人とラダック女性との混血であるアルゴンと呼ばれる交易専業集団である。

彼らは交易経済に伴う交易活動者として、ラダック王国の地理的‐政治的境界を越える。しかし、彼らムスリムと仏教徒ラダック住民との間には宗教的境界が存在し、両者の帰属性を分離する。ラダック王国は多宗教、多民族国家として、交易経済と文化交流を可能とし、同時にラダック王国独自の帰属性を持ち続けているのである。

王朝は系譜的に継承された。王位は長男が継承し弟は僧侶になること、ザンスカール王国、ヘナスク王国の存続は認めるが、ラダック王国で一つの王国に二人の王は認めないという王位継承の方法が確立された。宰相はカロンと呼ばれる貴族の家系から選出される。したがって、彼らと他の農牧民との間に明確な階層制が認められ、王国は専制国家的形態をとる。しかし、政治権力に関しては王権が必ずしも絶対ではなく、宰相および僧院による王権に対する牽制《けんせい》がある。特に、ラダック王国衰退期には王朝と宰相との間の拮抗関係、宰相による王朝との融合政策が表面化する。

†社会の維持のために必要だった仏教

宗教機構に関しては、仏教維持のための対イスラーム政策がある。これはラダック王国と西方隣接諸国との間の文化的、宗教的境界の形成と維持という役割を果たしてきた。さらに、チベット仏教内部の宗派であるドゥック・カーギュ派による対ゲールク派、すなわち対チベット政策が王国維持の役割を果たした。

ラダック王国第二次王朝ラチェン・デレク・ナムギャル（一六六〇～一六八五年頃）の時代におけるモンゴル戦争（一六七九～一六八五年頃）は、チベット－モンゴル軍とラダック軍、さらにチベット－モンゴル軍とカシミール軍との間の戦闘ではあったが、実際にはモンゴル帝国下チベットとムガール帝国下カシミールによるラダック王国の覇権争奪戦であり、宗教的には仏教とイスラームの間の宗教抗争の延長線上に位置づけられる。

モンゴル戦争の結果、ラダック王国の覇権は著しく縮小する。しかし、他方でラダック王国は強大なチベット－モンゴル軍に向けてカシミール軍をもって対処させたことにより、両者に経済的負担は負わされたものの、チベット－モンゴルによる統治を阻止し、さらにカシミールによるイスラーム化をも排除し、独立国としての存続をはかった。

さらに、チベット仏教各宗派は、経済的基盤の充実に伴い、内政外交に関わる国家政策の決定に関与し、政治－宗教機構を確立する。そして、最終的には仏教各宗派は弱体化したラダック王朝との融合政策による新しい形の統合機構の形成へと向かった。しかし、結果的に、ラダック王国はシーク王国ドグラ軍とのドグラ戦争（一八三四年）に敗れてその独立を失い、僧院と王朝との融合化は王国の統合機構として実現されるには至らなかった。

すなわち、ラダック王国の成立、発展、衰退という歴史的過程は、ラダック王国の統合機構の動態的変化そのものである。ラダック王国の成立とは、王朝による独立領主であった地方諸領主の支配と交易路、交易活動の確保であり、交易経済基盤の確立だった。さらに、ラダック王国の発展とは、王朝の覇権拡大政策に支えられた交易経済の充実と制御の確立過程である。この経済機構は王朝、官僚、僧院からなる政治機構を確立させ、この政治機構はさらに経済基盤の維持機構として機能した。宗教は王権を支持し、正当化するために機能し、官僚は王権のもとでの行政機関として機能した。

もっとも、この政治機構はラダック王国の発展により新たに出現したものではない。王、官僚、宗教専門家の存在はすでに吐蕃王国において、ツェンポ（君主）が右手にシャマン長を従え、左手に大臣を従える三頭鼎坐《さんとうていざ》の形で運営されていた可能性があることに示されるように、ラダック王国成立時以前からその模範があったからである。

しかし、これがラダック王国の統合機構として機能するには、経済基盤の充実とこれに伴う政治機構の変化が必要だった。特に、一四〇〇年のラダック王国発展期に相当する第二次王朝以降に見られる仏教による民衆教化は、ラダック王国の統合機構における宗教の新たな役割を示す。その結果、国王と宰相を兼任するセンゲ・ナムギャルの治世において、センゲ（獅子）王とヘミス僧院のタック（虎）僧と呼ばれるタックツァン・ラスパが、人びとによって太陽と月とに喩えられ、ラダック王国の繁栄が賛美された時、ラダック王国の統合機構は確立したのである。

したがって、経済、政治、宗教相互間の関係は、ラダック王国の統合機構としてはたらいた。この統合機構とは、経済的には交易経済を基盤とし、宗教的には国教としての仏教、政治的には王権国家としてのラダック王国の独立と存続を中軸とした。しかし、その内部は王朝と宰相、王朝と僧院それぞれの間における拮抗関係と融合関係により作動していたのである。

ラダック王国は、王国の統合機構として仏教を導入した。王国という高度に複雑な社会の維持には、仏教という大宗教が必要であったからである。人びとは信仰により一つにまとまり、社会の秩序が維持された。民衆教化を通した輪廻転生思想により、現世の様々な問題は来世への希望へと転化された。この意味で、宗教は問題解決のためのもっとも有効な文化装置であったかもしれない。

2 ラダック仏教僧院の祭礼

†ラマユル僧院における祭礼

ラマユル僧院は下手ラダック、インダス河沿いの岩尾根の上に建つディグン・カーギュ派に属する僧院である。約一五〇名の僧により構成され、麓にはユル村の畑が広がり、尾根のさらに上方には瞑想者たちの住居が並ぶ。ラマユル僧院の二大祭礼は、チベット暦二月（一九八四年の太陽暦三月）に行われるカプギャット祭礼と、チベット暦の五月（一九八九年の太陽暦七月）に行われるカンギュル祭礼である。

ラダック仏教僧院の仮面舞踊

前者は悪霊祓いの儀礼であり、仮面舞踊が行われ、悪霊が追放される。後者のカンギュル祭礼においては、カンギュル（大蔵経仏説部）の朗唱が行われ、同時にデチョク儀軌のためのキルコル（中心・円、マンダラ）が製作される。七日間にわたるカンギュルの朗誦《ろうしょう》後、引き続き九日間におよぶデチョク儀軌が始まる。

キルコルの製作は、石を磨《す》り潰して作った粉に彩色し、これを小さな漏斗《ろうと》状の管に入れ、落としながら図柄を描く。この色粉で作製されたキルコルは砂マンダラとも呼ばれている。キルコルは特定の主尊を中心とする諸尊から構成される宮殿であり、ここでは主尊デチョクを中心とする宮殿の建物全体が描かれる。儀軌では、多くの諸尊がこの建物に招請され、儀軌が終了すると彼らは諸尊の本来の世界に帰る。したがって、残ったキルコルは、単なる色粉にすぎず、儀軌の後、これを集めて小川に流すのである。

デチョク（サンスクリットでチャクラサンヴァラ）とは、インドで八世紀以降発展した後期密教における無上瑜伽タントラの母タントラに属すサンヴァラ系の密教聖典における守護尊である。さらに、デチョクはパクモ（ヴァジュラヴァーラーヒー）を伴い、両尊は殿妃（ヤブユム）となっている。このデチョク儀軌は輪廻《りんね》からの解脱《げだつ》のため、この世で功徳《くどく》を積むことを目的とする。

デチョク儀軌は儀礼の過程にしたがい、準備に続き、その後の六つの部分から構成される。準備はティンゲズィンギワンスコル（集中〔サンスクリットでシャマタといい、冷静で意識を集中した状態〕・の・開始・与える）と呼ばれ、ドルジェチャン（持金剛《じこんごう》、ヴァジュラダナ）に入門の力の付与を請う。そして、サチョク（場・治療法、神聖化）に入り、悪霊を追い払い、キルコルを浄化し、準備を完了する。

儀軌の第一部のダクスケット（自身・視覚化）では、自分自身がデチョクになると考え、奉献が行われる。第二部のプムスケット（瓶・視覚化）においては、瓶の中にデチョクをはじめとする従者たちからなる多くの諸尊を視覚化し、奉献が行われる。ここでは、衆生への恵みを諸尊に請う。瓶の中に視覚化された諸尊は水の中に溶け込み、この水は聖なる甘露《かんろ》となる。儀礼の後、人びとは手の平に注がれた甘露を飲む。第三部のドゥンスケット（前面・視覚化）

では、キルコルにデチョクをはじめとする諸尊の建物と諸尊を視覚化する。そして、第二部と同様、衆生への恵みを諸尊に要請する。なお、第一部のダクスケットは自分自身がブッダ（覚者）となり、悟りの境地を得ることが目的であるのに対し、第二部のプムスケットと第三部のドゥンスケットでは衆生への諸尊の恵みを願うのである。

†デチョク儀軌の進行と意味

第四部のワン（灌頂）では、宝冠を用いて灌頂が行われる。灌頂とは、インドで王位継承の際、王冠に四海の水を注いだ伝統に由来し、これを宗教的に行うことで、僧として人びとのためにすべてを行う権限が与えられるという入門儀礼である。第五部のツォクス（集会：供物）では、デチョクと従者たち、そしてすべてのブッダ（仏）とボディサットバ（菩薩《ぼさつ》）に供物が捧げられる。最後の第六部のシェクソル（去る・捧げる）は、諸尊に感謝し、求めに応じて再び来てくれることを要請し、諸尊を送別する。

自分自身がデチョクになる儀軌では、まず、太陽と月とを観想する。太陽は慈悲、月は智慧である。太陽は女、月は男を象徴する。そして、この両者の間に自分自身のセムス（こころ、意、チッタ（サンスクリット））を入れる。そして、フム（ཧཱུྃ）という文字（種字《しゅじ》）を思い浮かべる。フムとこころとは、分けることのできない一つのものである。フムはデチョクのこころでありその神髄であり、それを象徴する種でもある。そして、マントラ（真言《しんごん》）を唱える。このマントラは一六母音の二倍の三二字と、四〇子音の二倍の八〇字の合計一一二字から構成され、ブッダの身体の一一二の象徴で、ブッダの美を表現する。

そして、このマントラは中心に思い浮かべた種のまわりを円く囲み、そこにとどまる。さらに、次に唱えるデチョクのマントラは、その周囲をさらにとり囲み、円を描いてまわる。そして、ちょうど種から大麦が生長するように、フムの種字からブッダが誕生する。ちょうど女と男から子どもができるように、太陽と月、すなわち慈悲と智慧から、ブッダの状態が生まれる。その時、自分自身がブッダ、ここではデチョクになるのである。

したがって、デチョク殿妃は、男と女、月と太陽、智慧と慈悲という二元的対立項とその合一を象徴している。瞑想を通してこれら二元的対立が解消され、生命、宇宙、こころの原点、すなわち空にまで回帰し、ここがブッダの状態であることを直覚的に感得するのである。そして、不可分である自分のこころとブッダのこころの神髄としての種から生長する宇宙そのものとしてのブッダと自分とを一つのものとして体得する。その時、自分自身が宇宙でありブッダそのものになる。こうして、僧たちは連日、デチョク儀軌をくり返し実践し続ける。

†祭礼における僧院と村人

デチョク儀軌最終日は、僧院でのデチョク儀軌の後、僧たちは行列を組んで村に下り、キルコルに用いた石の色粉を泉に流し、村人たちの民俗舞踊に同席する。僧院長がキルコルを作っていた石の色粉を羽で掃き集める。美しく描かれたキルコルは消え、今や砂のかたまりとなっている。諸尊が去った後のキルコルは形骸であり、ただの色粉にすぎない。もっとも、これは諸尊がいたため、聖なるものと考えられ、集められ川に流される。キルコルのまわりには子どもの僧をはじめ、他の僧たちが集まり、様子を見守る。掃き集められた色粉は瓶に入れられ、宝冠がかぶせられる。僧たちは、いよいよ行列行進の準備に入る。

僧たちは集会堂の中で隊列を整えると、僧院を出て村へと出発した。僧院の外では村人が手を合わせて僧たちに敬意を表す。そして僧の一団は僧院を後にし、村へと下りていく。僧たちは一列になり、岩山をゆっくりと進む。僧院の麓にある村では人びとが手を合わせて僧の一団を迎える。僧たちは音楽を奏でながら、村の中を進む。

やがて、泉のある草地に到着する。シンバルとホラ貝ブエが鳴らされ、ルートル（ルー・トルマ）儀軌が始まる。ルートル儀軌では、水の霊であるルーに供物としての小さな球状のトルマとミルクが捧げられる。ルーは蛇や竜や水の中に住む魚たちの姿をとって現われ、僧院の壁画には下半身が蛇で上半身が人の姿をした女神として描かれる。手に持った宝石に象徴されるように富をもたらし、また雨をもたらすものと考えられている。もっとも、儀軌においてはルーの王をはじめ、様々な種類のルーが登場し、おできなど病気の原因となる災いをもたらす悪霊ともなる神である。

そして、大きなヤナギの木の根元にある泉の中に、瓶に入ったキルコルを作っていた色粉が注がれる。ルートル儀軌が終了し、再び行列行進をして、川のほとりにある広場に着く。そして、川に残りのキルコルの色粉が流される。水の霊であり、地下の神々であるルーに、この聖なる色粉が捧げられ、水に住む魚たちに祝福を与えながら、色粉はヒマラヤの山中を流れるインダスの河の流れの中へと戻された。こうして、来世のために善業《ぜんごう》を積むことを目的として行われたデチョク儀軌は終了した。

モン(楽士)の音楽が始まる。村人に大麦酒が注がれる。女たちがトルコ石をちりばめたペラックと呼ばれる頭飾りをつけ、ロクパと呼ばれるヤギの毛皮の肩掛けを羽織った正装で登場し、リンポチェ(高僧)の前で拝礼する。子どもたちは川の対岸から野生のバラの花を摘んできて、リンポチェに捧げる。

人びとが水をかけ合うようにして騒ぎはしゃいでいる。若い女性が密かにデバ(僧院の経営責任者)と村の二人のチュルポン(村の水利管理者)の背後に忍び寄り、彼らに水をかける。こうすると山腹からたくさんの水が湧き出し、また多くの雨が降るのだと人びとはいう。このユル村は常に水不足に悩まされているのである。

女たちの民俗舞踊が始まる。モンの音楽に合わせて次々と踊る。村人たちの明るく静かな歌と舞いは、タテブエとタイコの奏でる乾いた音楽に乗って、乾燥して砂と岩とがむき出しになったラダックの谷間にとけ込み、正装して一列になった村人たちはゆっくりと広場の中央へと舞いの輪を広げていった。

男たちは座って大麦酒を飲み、僧たちも座ってこれを見ている。また、男の年寄りが先頭になって女の子たちをしたがえ踊りの輪を作る。さらに、女の子たちが現代的なラダックの歌と踊りを踊る。これがくり返され、男たちも踊り、これに女たちが続いて一緒に踊る。村の女たちも座ってこれを見物し、楽しんでいる。こうして、広場での饗宴は終了し、僧たちは席を立ち広場を後にした。

†この世に生きるすべてのもののために

私はこの西チベットにおける儀礼がある特徴を持つことに気づいていた。それは儀礼が僧による諸尊との同一化の場であると同時に、その後には必ず、この儀礼によって得た恵みをこの世に生きるすべてのものに与えると祈られることであった。僧たちは村人たちのしあわせのために、そして地球上のすべての人びとのしあわせのために、これらの儀礼を行うのである。村人たちとの交流の場はこの喜びを互いに表現する場だった。

これは私にとって意外だった。僧院というものが、そもそも、この厳しい環境に対応するものとしての生態的、社会的制度であると知っていたからである。極度の乾燥地帯において、山からの雪どけ水で耕作することのできる土地は限られていた。村々は、わずかの扇状地にへばりつくようにして作られ、村の外はどこまでも広がる岩と石ころからなる砂漠だった。限られた大麦と小麦の耕作地では多くの人びとを養えず、長兄が家を継ぐと弟たちは僧になるか村の外にでかけて交易に携わるしかない。一妻多夫の婚姻制度は家に残った弟たちが兄の妻と一緒に暮らすというもので、弟が結婚して新しい世帯を持たないことで耕作地の分割を防ぎ、同時に出生率を制限するという生態学的な機構だった。

したがって、両親に選ばれた幼い子どもは僧院に行き、そこで残りの一生をすごすことになっていた。僧たちは普通、結婚することはない。小高い丘の頂上や岩壁の中腹にまるで巨大な鳥の巣のように作られた僧院は、村とはまったくの別世界を形成していた。

一つの僧院に数十人から数百人もいる僧たちはそこで自分たちの生活を営む。そこでは、もちろん、日々の生活に精一杯の村人たちにはできない読み書きを学び、その知識と体験を通して精神的な力と特権を持ったのも事実である。しかし、生態学的な視点から見ると、僧院は人口調節のための施設であり、僧たちは生物学的な意味での再生産という生物としての最低限の権利さえ奪われ、死ぬまでの間ただ生きていることだけを認められた、いわば社会から切り捨てられた人びとであった。

人びとの敬虔な宗教への帰依と平和な村々のたたずまいを一皮むいてみると、そこには生存のためのすさまじいまでの戦略があり、僧は自分の意思とは関係なく、このための犠牲を一身に引き受けさせられた者たちだった。このような状況にある僧たちが、人びとをうらみ社会に反抗することなく、逆にすべての人間に恵みを与えることを、その全精神の力をかけて祈るという事実に私は驚いたのである。

人間の善なるところをもって作りあげられたブッダは、人間の頭脳の外に映し出される。人間はそれと同一化することで、今度は自分自身を善なるものとする。人間自身が創造したものにより、人間自身が創造されるのである。それにより、この儀礼から得た力は生きとし生けるものすべてのしあわせへと向けられる。ここには疑いなく、それを人間性と呼べるような、衆生に対する普遍的ないつくしみのこころが生み出されている。

3　祭礼の生態学的意義と慈悲の実践

†互いに補完し合う僧院と村人

ラダック社会では、一妻兄弟多夫婚制が見られ、さらに兄弟のある者は僧となる。すなわち、僧院は村の人口を僧として受け入れ吸収するという生態学的役割を持つ。ラダックの社会と生態は僧院によって支えられている。逆に、僧院側から見れば、僧院の人口の維持は僧となる村人の補充によって成り立つ。さらに、チベット仏教儀礼の専門家となった僧たちは村人たちのために、儀軌を用いて超自然的力を行使し、同時に仏法に基づき苦悩から自由になるための指針を示す。

また、僧院が村の生産物の一定の配分を受けるための慣習的制度が確立しており、僧院の経済は村の経済によって支えられている。すなわち、僧院と村の間には、僧の儀礼活動による超自然的力と、村人の生業活動による生産物の交換を通した互恵的関係が形成されている。そこでは、超自然的力によって収穫が約束されると考えられ、その生産物によって再び超自然的力の行使が可能となるように、相互に原因と結果となりながら両者は不可分に結びついている。

ラダック仏教僧院の祭礼で、村人と共に悪霊の追放儀礼を行う僧たち

すなわち、僧院と村とは相互に補完し合い、ラダックの生態に対応した一つの社会を形成しているのである。チベット仏教僧院における祭礼は、この僧院と村との社会的、経済的、超自然的結びつきの象徴的実践となっている。

†集団の維持に欠かせない祭礼

しかし、祭礼はこの象徴的意味だけにとどまるものではない。祭礼はラダックの人びとの生存のための、より現実的な生態学的役割を担っている。僧院と村の共同作業で進められる祭礼は、その最終場面において、僧たちと村人たちの初原的同一性の場を作り出す。

僧と村人とは同じ社会の異なる範疇に属する。それぞれが独自の組織と規範を持ち、異なる衣服をつけ、それぞれの生活を営む。しかし、そもそも僧たちは村人が子どもの時に僧院に来て生活することになった者であり、村人との間には親子、兄弟をはじめとする親族関係が維持されている。僧にとって村人は他者ではない。同様に村人にとっての僧も他者ではない。出自を同じくする同じ地域の人びとなのだ。祭礼の場は、この初原的同一性の確認の場である。

ここでは、村人同士、僧同士、そしてこれら異なる集団を包括する僧と村人という集団の帰属性と同一性とがともに再確認される。カンギュル祭礼の後に行われた村人と僧たちの宴の席の配置はこの表象である。それぞれの集団はそれぞれ異なる席を占めていた。しかし、同時に、そこにいる全員が一つの同じ祭りの場を共有していたのである。

このことは、それぞれの集団の維持にとって必要なことである。村の生活は村人たちの協力活動によって成り立つ。大麦、小麦を耕作するための灌漑用水路の管理、水の配分の調整、収穫作業は人びとの協力なしには行うことができない。共通の災害には共同で対応し、共通の利益のためには集団としての協力行動がとられる。僧院の生活においても同様である。一年の半分は村の経済に支えられ、また後の半分は僧たち自身が自分たちの生活を支えねばならない。その上で、僧院と村とは互恵的関係によって不可分に結びついている。こうした集団の維持はラダックの過酷な自然環境における彼らの生存戦略なのである。

集団の生活に必要な社会規範は、ミチョス(人びとの宗教)、ラーチョス(天の宗教)として定められている。人びとが守るべき一六種類のミチョスは、(一)三宝《さんぼう》(仏・法・僧)への尊敬と信頼、(二)宗教の実践、(三)両親への感謝、(四)学者への尊敬、(五)年配者や高位の人びとへの奉仕、(六)親類や友人との良い関係、(七)村人や隣人を助ける、(八)正直で謙虚、(九)礼儀正しい、(一〇)持てる財産や食物に満足する、(一一)助けてくれた人びとを忘れない、(一二)借りを期限までに返す、(一三)すべての人びとを同じく待遇する、(一四)邪《よこしま》な者にも等しく接する、(一五)多くをしゃべらず丁寧に話す、(一六)いかなる困難にも勇気と忍耐を持つこと、とされる。

また、これらミチョスに加えて、僧が守るべき十種類のラーチョスは、(一)盗まない、(二)殺さない、(三)性的行為をしない、(四)嘘をつかない、(五)陰口を言って人びとを仲たがいさせない、(六)厳しい言葉を用いない、(七)無益なことを話さない、(八)貪欲でない、(九)他人に対して害を与えるこころを持たない、(十)仏教への不信心がない、こととされており、村人を導き、自身も解脱に至るための、僧に課せられたよりレベルの高いものとなっている。

これら仏教的社会規範は、人びとの宗教的行動の指針であるばかりではなく、宗教を超えた日常生活の倫理ともなっている。もちろん、現実の生活において、これらを厳格に遵守することは困難かもしれない。人間には利己心(我)があるからだ。しかし、仏教儀礼では罪業を懺悔することによりそれらの過失を浄化し、原状回復することが可能となる。仏教的社会規範は、現実を許容しながら、なおかつ内に向かって、邪悪なこころを抑制し、善なるこころを伸ばすことで、現実の社会を理想とするブッダの世界により近づけようとする動的な集団調整機能を持つ。

このことは、外に向かって悪霊を追放し、内に向かって利益を招請するという集団的祭礼の目標と一致する。祭礼における協力活動は、集団形成のために必要な共通の帰属性を再確認させ、強化させる。したがって、ラダックの僧院における祭礼は、社会集団の維持と調整を通して、生存のための生態学的意義を持っているのである。

†自己と宇宙との同一性

最後に、チベット仏教僧院における祭礼の理論、実践、方法に基づく全体としての重要性は、仏教的宇宙観と人生観に基づき衆生への奉仕を目的としていること、タントラ仏教の特徴的方法である瞑想を通して自己と宇宙との初原的同一性、およびその本源的真理としての空を体得することだ。

デチョク儀軌に見られたように、太陽と月、女と男、慈悲と智慧という、宇宙と身体とこころにおける二元的対立項の合一と解消により、人は宇宙の起源にまで遡り、ものごとの本質は同一性にあり、すべての出発点は観念と現実の境のない空であることを体得する。チベット仏教は、瞑想を通して、リグ・ヴェーダに語られる「その時（太初《たいしょ》において）無もなかりき、有もなかりき」という宇宙開闢《かいびゃく》の歌、さらには自己と宇宙との同一視というウパニシャッドの思想を経て、自然（神々）と人間との初原的同一性という人類最古の普遍的世界観にまで回帰する。

そこから、はるか下方にある輪廻（サムサーラ）の苦悩の世界を見ることができる。輪廻にある六つの場所は、実は現実の人間世界の象徴でもある。そこには、地獄、動物、そして争いに明け暮れる阿修羅となった人間自身を見ることができる。輪廻図は人間のこころの表象そのものなのである。

その時、空の中に種が生まれ、それが芽生え、衆生を救済すべく諸尊の形をとって現れる。そして、諸尊そのものとなった僧たちは村人たちとの協力活動を通して、悪霊を追放し、幸運を招き、功徳を蓄積し、輪廻から自由になることを究極の目的とする。祭礼は僧院と村との社会的、経済的、超自然的結びつきの象徴であり、集団の維持と調整を通した生存戦略としての生態学的意義を持つとともに、慈悲の実践なのである。

第七章
現代化のなかのチベット仏教とシャマニズム

1　僧院の祭礼とシャマニズム

†マトー僧院のナグラン祭礼

ラダックの人びとが毎年特に楽しみにしている祭礼がある。チベット暦一月一四日と一五日（二〇〇九年の太陽暦三月）にマトー僧院で行われるナグラン祭礼である。ここでは、仮面舞踊とともにラーが登場する。ラーとは仏教が伝わる以前からの地域固有の神々であり、シャマンに憑依《ひょうい》して人びとの前に現れる。人びとは日常生活において、病気の治療、失せ物の捜索、また旅行の安全を願う際にも、シャマンを訪れラーの託宣を請う。ラーへの信仰は人びとの生活の基盤となっているのである。そして、ラーの中でもマトー村のロンツァン・カルマルは特に力があるとされる。

このラーは人びとの望みをかなえる力があり、もし人びとがラーを尊敬し崇拝するなら、人びとを助け、危険や災難から救う。しかし、もし人びとがこのラーを尊敬しなければ、人びとに不運をもたらすと信じられている。同時に、ロンツァン・カルマルはブッダに帰依する者だとも考えられている。ラダックでは、日本で神道と仏教が共存しているように、ラーへの信仰とチベット仏教とが共存しているのである。

マトー僧院におけるナグランと呼ばれる祭礼には次のような歴史的背景がある。一三世紀のチベットにサキャ派のトゥンパ・ドルジェ・スパルザンという偉大な師がいた。彼は東チベットのカム地方のカワカルポという地に招請され、そこに赴いた。当時、この地にはスプンドゥンと呼ばれる七兄弟のラーがおり、家畜や人びとに危害を加えていた。この師は非常に力があったので、これらのラーを調伏し、護法尊《ごほうそん》とした。彼がチベットのサキャに再び帰った時、これらの七兄弟もともに従ってやってきた。なお、サキャはチベットの地名だが、ここにはコン・コンチョック・ギャルポにより一〇九一年に創建されたサキャ僧院があり、宗派の名称ともなっている。その後、師はラダックに来たが、この時、七兄弟も一緒にやってきた。

師は七兄弟のラーのうち、二神をチャンタンのギャーに、二神を上手ラダックのマトーに、二神をストックに、そして残りの一神を下手ラダックのスキルブチェンに守護尊として任命し

ラダック仏教僧院の仮面舞踊祭礼に刀を持ち登場した二神のラー

た。そして、師はラダック王、ドゥクパ・ブムデ（一四〇〇～一四四〇年）の保護のもと、一四一五年、マトー村に僧院を建て、ラダックにおけるサキャ派を創設したのである。

マトー村における二神のラーはそれぞれ、ラメ・ラー（僧の・ラー）、およびギャペ・ラー（王の・ラー）と呼ばれる。また、これらはそれぞれツァン（悪霊のツァン）、ギャポ（王）とも呼ばれ、ツァンは赤色、ギャポは白色で表現され、両者はロンツァン・カルマル（峡谷・ツァン・白・赤）と総称される。

ラメ・ラーには、祭礼の終了後、ラーがその住みかとされる石組みのラトーに戻る際、ヘミス僧院が、馬、従者、食事、衣服を用意し、ギャペ・ラーにはストック王宮がこれらを用意することになっている。この際、ストック村の村人たちが従者として加わる。この慣習は、ラダック王国の時代、センゲ・ナムギャル王とヘミス僧院のタックツァン僧とが王国を統治していた時からの伝統であり、今日も継続している。

†仮面舞踊とラー

マトー・ナグラン祭礼の目的は、第一に時を得た降雨があるように願うことだ。なぜなら、農耕は時を得た降雪と降水に依存しているからである。第二は疫病、飢饉《ききん》、戦争のような災害を防ぐことだ。チベット仏教では世界に多くの霊がいると考えられており、一つは白い力、他は悪い力を持つ。この悪い霊はドゥットと呼ばれ、災害をもたらすとされている。したがって、これらの悪霊を追い払うことが目的となる。このため、チョスキョン(護法尊、マトー僧院ではグルギゴンボを護法尊とする)とイーダム(守護尊、マトー僧院ではヘーヴァジュラを守護尊とする)に関する儀軌が執行され、この一環として仮面舞踊が行われるのである。

ラーを憑依するシャマンはラバと呼ばれる。通常ラバは俗人であるが、ナグラン祭礼において登場するラバは二名の僧である。彼らは五年ごとに一名が交代し、その翌年にはもう一名が交代する。新任のラバは祭礼の一年前に選ばれ、瞑想に入る。祭礼の二カ月前には両僧ともに瞑想に入る。祭礼日の二日間のみならず、その前の四日間にも、憑依したラバは僧院の屋上に立ち、手すりの上を走る。そして、人びとや高官に託宣を授ける。ラーは国政についての予言も行うので、ラダックの政治家はマトーのラーに信頼を置いているのである。

祭礼一日目は、ラーであるロンツァン・カルマルが二人のラバに憑依し、仮面舞踊の進行と平行しながら、村人の前に登場する。仮面舞踊の第一場面は、茶色の仮面を着けた二人のアビ・メメ（祖母・祖父）の舞踊である。これは、主要な舞踊が始まる前の前座として登場する。

第二場面はジャナック（黒帽子）の舞踊である。線香を持つ僧一名、香炉を持つ僧二名、タテブエを吹く僧三名、瓶と杯を持つ僧一名に先導されて、七名のジャナックが登場する。ジャナックは火炎の形の装飾がつけられた黒い帽子を被る。

第三場面は、プメット（女）の舞踊である。ヘーヴァジュラ・タントラの護法尊であるグルギゴンボには、従者として、一〇〇人の女、一〇〇人のケスパ（特別な霊力を持つ男）、一〇〇人のゲロン（学僧）、一〇〇人のンガクスパ（タントラ修行者）がおり、この中の一〇〇人の女がプメットに相当する。

続く第四場面はケスパの舞踊、第五場面はゲロンの舞踊である。ゲロンは金色の帽子を被り、右手に錫杖《しゃくじょう》、左手に鉢を持った五人の学僧として登場する。第六場面はンガクスパの舞踊である。先端に金剛杵のついた黒い帽子を被り、右手に短剣、左手に頭蓋骨の盃《はい》を持った五名のタントラ修行者が登場する。彼らはタントラにより悪霊を殺す力を持つ。

†ラバの踊りと気絶

第七場面は、ゴンボの舞踊である。これはゴンボとその従者たちによる舞踊で、前半部は、ラスキゴンボ（行為・の・ゴンボ）と、その従者の舞踊である。後半部は、四面ゴンボ（ゴンボジャルズィパ：ゴンボ・口・四・者）、グルギゴンボ（ゴンボグル）、ナクポノチン（黒・ノチン）、ラモ（パルダンラモ）が登場する。主尊のグルギゴンボはサキャ派における主要な守護尊である。なお、四面ゴンボはチベットへの仏教伝播の際、僧とともにインドのガヤからチベットに来たと伝えられている。ナクポノチンはゴンボやラモではないが、グルギゴンボの家族の一員で従者である。また、パルダンラモはインドのシュリ（カーリ）デヴィに由来し、チベットのラサの守護女神とされる。彼らは中庭の柱のまわりで舞踊を行い、退場する。

第八場面のトゥルダック（墓地・主）が始まる。トゥルダックは火葬場に住み、ここを守護する骸骨だ。二人のトゥルダックが登場し、人びとに話しかけたり、脅したり、滑稽な演技で人びとを笑わせる。彼らは赤い布で作られた悪霊の象徴であるダオを紐に結びつけ、二人で紐の両端を持って、これを振りまわして地面に叩きつける。そして、最後に、紐を空中に大きくまわし、ダオを観衆の中に投げ込む。人びとは悲鳴をあげ笑い転げる。ダオは悪霊の象徴であり、トゥルダックは村人の前でこれを叩きつけて殺し、捨て去ることを道化師として演出するのである。

第九場面はシャワ（鹿）の舞踊。鹿はブッダの法、とりわけタントラの守護者であるとされる。角のある鹿の仮面をつけた二人の踊り手が登場し、まわりながら速い舞いを行う。

最後の第一〇場面は、チャムスコル・チェンモ（仮面舞踊・円・大きい、大舞踊輪）と呼ばれる舞踊であり、トゥルダックを除く全員が登場して輪になって踊る。これに先立ち、ロンツァン・カルマルの憑依した二人のラバが護法尊堂を出て、上半身裸で下には僧衣を着け登場する。彼らはいったん集会堂に入り、衣装を着け、帽子を被り、胸には金属製の鏡を下げ、僧院二階の縁側に登場し、手すりの上を走る。その後、進行中の中庭の舞踊に加わり、諸尊と一緒になって踊る。

舞踊はいったん止まり、立ち並ぶ諸尊の前で、柱の前の地面に敷かれた布の上に置かれたダオを、その前に座ったラスキゴンボが短剣で突き刺し、儀礼的に殺す。ラバはこの間、諸尊と一緒に立っているが、時に、刀を横にして持ち、それで自分の舌を切るしぐさをする。また、ラバは水を飲み、「アー」と叫びながら中庭を行ったり来たりする。村人たちはラスキゴンボとラバに奉献を行い、ラバの首にカタックを巻く。

二頭の鹿と、ダオの前で座って儀礼を続けるラスキゴンボを残し、他の諸尊は退場する。二人のラバは、この鹿と一緒に中庭の柱のまわりを踊りながらまわる。舞踊のリズムが遅くなり、ラーは「アー」と呼びながら、鹿と踊り続ける。そして、ラバは集会堂内に入り、鹿は退場する。ラバは衣装と帽子をとり、上半身裸で刀と槍を持ち、胸に鏡を下げて再び中庭に登場し、緑色の仮面をつけたラスキゴンボとともに舞踊を行い、ゴンボが退場し、舞踊は終了する。

同時に、ラバは中庭から僧院の二階に駆け登る。中庭の演奏者席の僧たちは退場し、座っていた人びとも立ち上がる。ラバが僧院南側の屋上に姿を現わし、「ワー」と叫びながら刀と槍を振りまわす。そして、ラバは屋上から姿を消すと、二階から縁側を走り別館二階の貴賓室《きひんしつ》に入り、中庭に面した縁側に現れる。そのまま堂内に入り、そこにいる人びとからカタックを掛けてもらう。ここで、人びとはラバに急いで質問をし、予言をもらい吉凶を占ってもらう。

ラバは貴賓室を出て僧院の建物に入り、再度屋上に姿を現わし、刀を振りまわす。そして、二階の縁側に建物の中から現れ、手すりの上を走り、集会堂の縁側に出る。ここで、人びとを見下ろしながら立ち、右手で持った刀で自分の舌を切るしぐさを行う。そして、中庭の南側を囲むように作られている回廊の屋上を刀と槍を持ったまま走る。

一人のラバが中庭に下り、柱のまわりを、刀を肩に担ぐような格好で周囲を睥睨《へいげい》しながらゆっくりと右まわりにまわる。そして気絶し、僧たちに担がれて集会堂に運び込まれる。回廊の屋上にいたもう一人のラバも中庭に下り、柱のまわりを、人びとを睥睨するようにゆっくりとまわる。

そして、中庭の地面に座って音楽を演奏する楽士であるモンのタイコに足をかけ、彼らを祝福する。ラバは多くの人びとからカタックを捧げられ、上半身は結びつけられたカタックで被われている。ラバは刀を振りまわしたかと思うと、そのまま気絶して後ろ向きに倒れる。待機していた僧たちはこれを受け止め、担いで集会堂内に運び込む。

†ラバの予言

祭礼二日目、ラバは上半身にゴンボの面を描かれるため、部屋に入る。絵が描かれた後、ラバは九層の黒い布で眼を被われる。人びとは仮面舞踊が行われた後、ラバが現れるのを待っている。僧院の屋上や中庭を囲む回廊の屋根の上も人びとであふれている。僧の一団がラーを迎えるため、タイコ、フエ、シンバルなどを持って集会堂から出て、ラバがいる部屋に行く。モンのタイコがラーを歓迎するためのラルガの演奏を始める。人びとはざわめき、「ワー」といっている。いよいよラバの登場である。

僧に先導され、上半身を黒く塗られその上に赤、白、黄でゴンボの大きな顔が一面に描かれた二人のラバが僧院二階の縁側に登場する。頭は黒いヤクの毛で覆われ、目は黒い布で目隠しされている。彼らは手に持ったデンデンダイコをカタカタと打ち振りながら、前後の僧が彼らの頭上に広げた高僧ドルジェ・スパルザンの上衣の下に隠れるようにして人びとの間を進んでいく。七兄弟のラーをラダックに連れてきたこの高僧の僧衣に触れていないと、ラーは空の上に消えてしまうと考えられているのである。そして、ラバは集会堂の屋上に現れ、人びとに向かって叫ぶと、人びとも「ワー」と喚声をあげる。頭に被った黒いヤクの毛のためちょうど黒髪を振り乱したようになっている。

そして、ラバは僧院の中に消え、ここで人びとの質問に答える。子どもを抱えた父親やその他、予言を授けられた村人たちが次から次へと建物の外へと出てくる。そして、二人のラバがデンデンダイコを振りながら、僧院の建物から外に姿を現し、目隠しをしたままで二階の縁側の手すりの上を歩いて貴賓室の方へ行く。彼らは、身体に描かれたゴンボの目を通してまわりを見ることができると信じられている。

ラバは人びとから捧げられたたくさんのカタックを腰から下げている。貴賓室で人びととの質問に答え、外に出て階段を下り中庭に入ると、そのまま西側にあるサキャ・パンディット図書館に入る。図書館を出て、群衆の中に作られた通路を進み、旗が立てられている中庭中央の柱の上に立つ。ラバは右手に木製の大きな金剛杵、左手にデンデンダイコを持つ。僧が大麦粒の入った鉢を二人のラバに渡す。二人は人びとに向かって託宣を述べ、この大麦粒をまく。人びとは喚声を上げ、これを拾おうとする。ラバは柱から下り、そのまま集会堂前の門の両側に立つ。ここで再度、託宣を発しながら大麦粒を人びとに向かってまく。人びとは「ワー」と喚声を上げながら、両手を前に差し出してこの粒を取ろうとする。そして、二人のラバは集会堂内に入り、終了となる。

ラバに憑依したラーの予言は「(今年は、世界で起こっている)戦争や飢饉は克服され、時宜にかなった雨が降る(収穫も良い)であろう」というものだった。すなわち、今年の運勢は吉ということである。さらにゴンボは、予言ではないが彼の希望として、「生きとし生けるものに平和と幸福が訪れるように」と述べ、人びとを祝福するために大麦粒をまいた。

なお、二〇〇九年の祭礼二日目のゴンボのラバが、私が以前に見た一九八四年と大きく異なる点は、彼らが僧院の外に出なかったことである。一九八四年には、登場したゴンボのラバは僧院の外に出た。彼らはまず、僧院から続く丘の上にあるラトーを訪れ、大麦粒をまいてそこに住むヘミス僧院のラーを祝福した。村人たちは小走りに進む二人のゴンボのラバを追いかけながら、カタックを捧げ、個人的な質問をし、託宣を受けた。その後、二人のゴンボのラバは丘を下り、旧王宮跡の赤い小堂に入り、グルゴンというラーにカタックを捧げた。

そして、そこを出ると、マトー僧院の建つ丘の麓の仏塔群の横を小走りで駆け抜ける。村人たちは、ラーの通り道の両側に待機し、また追いかけながらこの巡行を見る。その後、二人のラバはチャングマチャンと呼ばれる柳の木のラトーや、バルングと呼ばれる隠された渓谷で止まり、集まった村人たちはラーに個人的な託宣を受けるのである。その後、二人のラバは丘を登り、僧院の中庭に戻ると、大麦こがしをまわりにまき、その落ちた場所からそれぞれの地域の収穫の吉凶を占った。そして仏法とラダックの繁栄を祈り、終了したのである。

2　ラーの登場拒否と政治

†仕事を拒否した楽士たち

実は、一九八四年から二〇〇九年までの間に問題が起こり、祭礼二日目にラバが登場しなかった年が二〇〇五年と二〇〇六年の二年間続き、その後、ようやく再度ラバが登場するようになった。もっとも、登場は僧院の中においてのみであり、僧院の外に出てラトーをめぐるという伝統はなくなってしまった。この祭礼の変化に関して、村人の話、村人以外のラダックの人びとの話、そしてパンディ師の話に基づき、以下に述べることにする。

なお、パンディ師はディグン・カーギュ派に属し、ケンポ（博士）の称号を有する学僧である。常に穏やかな笑顔を絶やさず、ものごとを深く理解し、冷静に判断する能力を備えている。

パンディ師は、自分自身で実際に見たわけではないが、と前置きした上で、マトー村では危機的状況があったという。これは、ラダックの人びとの噂話であり、同時に、彼らのマトー村での問題に関するう見解ということになる。

ラダックには社会的にきわめて低いカーストとされるモン（楽士）の人びとがいる。マトー村にも数軒のモンの家があり、彼らは祭礼など必要な行事があるごとにタイコやフエを演奏しなければならないとされている。これはラダックの伝統である。

しかし、現在、彼らは政府に対し自分たちは低いカーストではなく、なぜ自分たちは低いカーストと見なされているのかと抗議している。自分たちは自由であり、民主主義の中での生活を営んでいるので、楽士の仕事を拒否するというのである。さらに、彼らはラダックにおいてモンという低いカーストがあることについて、これは仏教の教義に基づくものであるのか否かを、ダライ・ラマ法王一四世に尋ねることさえした。そして、後日、ダライ・ラマ法王がラダックにおいて講話を行った際、法王は、仏教においてそのようなことは一切なく、すべての人びとは皆同じであると述べるに至ったのである。

この現代化に伴う伝統の継承はラダック中いたるところでの共通の課題になっている。特に、マトー村において、これは重大問題になった。モンの家の息子が軍隊に入り、軍の仕事に就いたからである。その結果、マトーのラーが登場する際、彼はタイコを演奏する必要があるにもかかわらず、来なかった。彼は、自分は軍隊におり、軍隊から休日の許可を得ることができなかったためタイコの演奏を拒否したのだという。しかし、ラーはこの男がタイコを演奏するために必要だといった。他の男の演奏ではだめだというのである。

その結果、マトー村の状況はきわめておかしくなり、大きな紛争が発生した。ラーは、もしこの男が演奏しなければ私は登場しないといったのかもしれない。なお、パンディ師は、ラーが登場しなくなったのがこのためなのか、他の原因によるものなのかは定かではないが、このような重大問題が起こったという事実は聞いているとのことだった。

なお、この問題について、ラダックにおける別の知識人であり実業家である人に聞いたところ、この事件がマトー村以外の人びとにより次のように語られていることが明らかになった。すなわち、マトー村でのモンの家と他の村人との間の紛争は、モンが音楽の演奏をしなければ畑に水をやらないといって村人が水を止めたため、モンの家の畑が干上がるという結果を招いた。また、マトー村以外のラダックの人びとは、マトー村の村人はモンの青年が軍隊に入り、地位を得て金持ちになるのを阻止しようとしているのではないかと噂しているという。実際、ラーは、村にモンの家が三軒あるにもかかわらず、この特定の家の青年による演奏がなければ登場しないというのである。

†ラーにはなりたくない

ラーの登場拒否とその後の変化について、パンディ師は次のような印象を語った。従来、ラーはラトーに住んでいると考えられており、祭礼に際しては祭りの場に連れてこられ、そこで演技が行われた。しかし最近、ある僧たちは、これは必要ないのではないかと提案し、なぜ彼らが遠い道のりを歩き、あるいは走って巡行しなければならないのかと疑いを持った。実際、彼らは僧院内外のあらゆる場所をラーになって走りまわりたくないと感じたかもしれない。彼らは、これは不必要であるといい、高位の僧はこれを中止することができるといった。そして、僧たちは彼に従った。

このような筋書きは考え得ることであるという。実際のところ、マトー僧院にはラダック出身の高位の僧はいない。しかし、チベット出身のマトー僧院長は高位の僧であり、彼がラーの登場は必要なく、中止できるといったに違いない。僧院長、さらにはその背後のサキャ派宗主なしに、ラーになる僧たちだけでラーの登場を中止することはできないはずだという。

さらに、彼らはラーの登場を中止するための何らかの弁明をしたのではないかとパンディ師は述べる。そこで、二日目にゴンボの顔を描く絵師がいなくなったことが、ラーが出場しなくなった理由だと村人が語っているとパンディ師に告げると、パンディ師は笑って次のように答えた。

「ラーの憑依した僧は胸に描かれたゴンボの目を通して見なければならない。そのため、もし目を描く絵師がいなければ、彼は盲目である。彼らには目が必要なのだ」と。パンディ師は僧の立場から、僧院内を走りまわり、特に二日目には目隠しをしたままで遠い道のりを歩かねばならないことを負担に感じているラバとなる僧がいてもおかしくないとの僧の気持ちに立って、ラーの登場拒否の理由を、機転をきかせながら推察した。さらに、この決定はラーやラバとなる僧ではなく高位の僧の指示なしにはできないことを強調した。つまり、ゴンボの顔を描く絵師がいないとの理由は、弁明にすぎないと暗に指摘したのである。

†ラーの登場拒否の三つの位相

この解釈は、僧院の政治構造や僧たちの心情を十分に理解しているからこその的確な洞察だろう。また、この祭礼の変化を、村人と僧院との関係という視点から、僧院側による村人の信仰心の再活性化、および自らの主導性の明示と祭りの新たな形式的展開と捉えることも可能だ。

そこで、ここではさらにその変化の内容と過程について、ラーをめぐる政治とその背後にある人びとのこころという観点から、分析を行うことにする。そのため、祭礼の変化を三つの位相に分けて論じる。第一はモン（楽士）の反抗、第二はダライ・ラマ法王一四世の裁定と僧院の譲歩、そして第三はサキャ派の政治的戦略である。

第一のモンの反抗は、モンが楽士としての仕事を拒否したことにより、村人と下級カーストのモンとの間の対立として問題が顕在化することになった。このため、ラーの登場拒否という事態を招いたのである。これは一見、村人と僧院とが連帯し、軍人の職を得たモンに対し、ラダックの伝統的社会構造に基づく慣習的役割に戻るよう圧力をかけたようにも見える。

とりわけ、ラバとなる僧もマトー村出身の僧であること、さらに特定のモン個人に向けられたラーの要求は、この可能性を強く示唆する。しかしパンディ師の、僧もラバとなることに負担を感じているはずだという教示に基づくならば、モンが登場を拒否したことは、ラーの登場拒否のための僧の弁明に利用されたことになる。すなわち、ここではモンとラバとなる僧とが祭礼を遂行するための負担を負いたくないという共通利益のもとに、伝統的祭礼の継続を当然とする村人に対立したという構図が浮かび上がる。

この構図は、ゴンボの顔を描くための熟練した絵師がいなくなった理由についても、そのままあてはまる。死去した絵師の息子はもはや絵師を継いではいないからだ。すなわち、ここでは、現代化による専門職の放棄と祭礼の伝統を維持しようとする村人との間の対立という構図が浮かび上がってくることになる。

第二の位相は、ダライ・ラマ法王一四世の裁定により展開する。モンの訴えを受け、仏教教義においては現代の民主主義におけると同様、人びとの平等性を確保するとしたことは、職業の選択の自由を認めることを意味する。これは、モンの行動に対し制裁を加える村人の側を誤りとするものだ。さらに、ラーの登場拒否の理由を特定のモン個人の行動に帰する僧院の弁明そのものの無効をも意味する。

この結果、僧院は再びラーを登場させざるを得なかった。これは、この問題の解決における僧院の譲歩である。僧院は、より正確にいえば高位の僧である僧院長は、別の楽士と新たな絵師を準備し、特別の要請によりラーから登場の承諾を得るという正当化の手続きを行うことになる。これは、村人から見て僧院の権威をより高めることはあっても、失墜させることはない。

第三の位相は、サキャ派の戦略である。これは、僧院の譲歩の際の条件にあたり、今後の祭礼の次第に大きな修正を加えるものだ。祭礼二日目にゴンボのラバが僧院外を巡行するのを中止するというラーの登場の条件は、ラバとなる僧たちの意向を汲んだものかもしれない。目隠しをしたままで長い距離を歩くことは、僧たちにとって過重な負担であるのみならず危険でさえある。僧院はこれにも配慮しなければならなかったはずである。

†歴史の記憶を消去する

さらに、この変化にはもう一つの戦略が隠されているのではないだろうか。僧院外の巡行の中止により、ラバはマトー僧院の建つ丘の端にあるヘミス僧院のラトーや、丘の麓のマトー王宮と関係する大臣の家に属するラーの堂を訪れるのをやめることになった。

これらの訪問は、おそらくはラダック王国で強い力を持っていたドゥック・カーギュ派のへミス僧院やマトー王宮を守るラーに対し、後にラダックにやってきて、この地にマトー僧院を建てたサキャ派の歴史に由来するものではないかと考えられる。すなわち、ラバが僧院外の各所をめぐる慣習は、ラダックの歴史の記憶そのものであることになる。したがって、これを中止するということは、歴史的記憶の消去と新しい歴史の構築、つまり歴史の修正に他ならない。

もっとも、祭礼の一カ月後にラーをラトーに帰還させるに際し、ヘミス僧院とマトー王宮により馬が用意されることに変化は見られない。そもそも、ロンツァン・カルマルというラーの名前そのものに、僧のラーと王のラーという歴史が不可分に刻み込まれている以上、歴史を完全に消去することはできないのである。

しかし、ここでも、二日目に登場するラーに対する僧院と村人との間での解釈の相違が認められる。ゴンボのラーは客観的にはゴンボ(マハーカーラ)であり、一日目に登場する元来ツァンにすぎないロンツァン・カルマルとは比較の対象にならないほど高位の護法尊である。

マトー僧院の見解では、二日目には、ロンツァン・カルマルはゴンボの超越的知識の形態の中に無となって入るとされる。もっとも、マトー村の村人は、二日目のラーもロンツァン・カルマルであり、身体に描かれたゴンボの目を通して見ると述べる。すなわち、二日目のラーがゴンボそのものであるのか、ロンツァン・カルマルであるのかについての微妙なずれを含みながら、僧院と村人では二日目のラーの正体についての解釈が全く異なっているのである。

したがって、ゴンボに重点を置く僧院の解釈に基づけば、ラーの帰還はゴンボとは無縁のロンツァン・カルマルに関することであり、二日目のゴンボのラーが巡行をやめるだけで、ラダックにおけるサキャ派に関する歴史は修正されたことになる。

†チベット仏教のグローバルな経営戦略

マトー僧院は一九六七年まで転生《てんしょう》がおらず、そのため、宗主が指示したチベット人高僧が転生として僧院長を務めている。もっとも、彼はマトー僧院に住んではいない。サキャ派にとって、とりわけラダック出身ではない、チベットから亡命した高僧にとって、ラダックの歴史は地方的な事柄にすぎない。そもそも、仏教僧院の祭礼に地方のラーが登場すること自体、仏教的教義からすれば不快なことかもしれない。ましてや、サキャ派の重要な護法尊であり仮面舞踊の主役であるゴンボがドゥック・カーギュ派のヘミス僧院やマトー王宮のラーに対し、いわば表敬の意を示すことに違和感を持ったとしても不思議ではない。

マトー僧院では一九八四年に、ラダックにおけるチベット難民居住地であるチョクラムサにある仏教学中央研究所の支部としてのチェチェン学校が開設され、小学校の教育が行われている。生徒は卒業後、南インドのチベット難民居住地であるムンゴット、そして北インドのデラドゥンにあるサキャ大学に進むことになる。

実際、二〇〇九年に私がデラドゥンを訪れた時には、僧院の裏手にあるサキャ・センター、仏教僧院研究所では、三〇〇人の僧たちが教育を受けていた。さらにそこでは、サキャ派では宗教をビジネスとしてではなく仏教の教えを必要としている人びとに布教するという方針に基づき、仏教教義の教育に力点が置かれていた。

もちろん、この新たな教育制度自体は、難民チベット社会におけるチベット仏教の多国籍経営の一環として、ラダックの僧院を新たなグローバル経営戦略に組み込むものでもある。国際的競争に耐え得るチベット仏教の教育という観点から見れば、ラーの登場する祭礼や地方の歴史は修正してしかるべきと映るかもしれない。実際、現代の仏教大学を卒業した僧たちがマトー僧院に戻り、そこで順番にシャマンとしてラーの役割を負わされることに、物理的負担のみならず仏教教義上からの精神的負担を感じたかもしれない。にもかかわらず、ラーの登場を容認せざるを得なかった僧院は、そのためには歴史を修正するという条件をつけたのである。

†ラーと僧院への忠誠心

さらに、第四の位相をつけ加えるならば、それは村人の弁明にある。ここで、興味深いのは、マトー村の村人が私に語ったことと、語らなかったことである。彼らはラーの登場拒否の理由を熟練した絵師の不在とした。しかし、彼らは、マトー村における村人とモンとの間に起きた対立について、私には黙して語ることはなかった。彼らは自分たちの非を認めていたからだろう。ダライ・ラマ法王の裁定に異議を唱えることは、仏教徒としての立場を失うことになるからである。

そして、村人たちは祭礼に再び登場したラーに対し、観客が写真を撮ることを執拗に阻止した。従来からラーは写真を撮られることを嫌い、写真を撮っている観客を見つけると走り寄り、怒って刀で打つことも見られた。

もっとも、一九八四年時点では、村人はラーに見つかると恐いという注意はしても、写真を撮ることは阻止しなかった。しかし、二〇〇九年には、村人たち自身が観客を看視《かんし》し、写真を撮っている観客を見つけると僧院の屋上から小石を投げた。これは再登場したラーがその機嫌を損ね再び登場拒否をすることのないよう最善の配慮をするという、ラーとラーの登場を管理する僧院への忠誠心の演出であり、同時に、ラーの登場拒否を観客の責任に帰すという村人たちの弁明でもある。

パンディ師は、「村人は訳がわからない」という。そもそも、仏教的論理からすれば本来悪霊であるはずのツァンであるラーを信じ、祭礼を見にきた観客に石を投げることなどあり得ないからだ。もっとも、この行為は村人のラーに対する現実的利益に基づく絶対的な信仰と、これを伝統として守ろうとする集団的帰属性の表明であろう。

すなわち、マトー・ナグラン祭礼におけるラーの登場拒否と祭礼次第の変化は、インド独立後、半世紀を経てようやくラダックにおいて顕在化した現代化と、インドのチベット難民社会におけるチベット仏教の新しいグローバル経営戦略を動因として、この変化を推進しようとする僧院と、逆にこの変化に抗してラーへの信仰と伝統を維持しようとするラダックの村人たちの間の葛藤とその解決の過程である。

さらに、この問題解決の過程で、僧院と村とは集団間の直接的対立を顕在化させることなく、ラーをめぐる政治的語りを通してその解決をはかろうとしている。その結果、僧院と村との互恵性を通した共生関係は維持され、相方に受け入れられる部分的修正が加えられながら、祭礼が存続していくことを可能としている。

さらに、村人が伝統を維持しようとする理由は、彼らの生活が祭礼なしには成り立たないと考えられているからである。ラダックにおける祭礼と生態と社会とは不可分に結びついている。村人にとって、生活を成り立たせるためには、僧院と村との共生関係の維持が必須条件となり、農耕やそれに必要な降雨、さらには疫病や災害から生活を守るラーの力が必要なのだ。また、祭礼の実行にはモンの役割が不可欠であり、そのためには伝統社会の維持が必要である。

村人がモンに対して制裁を科したのは、村としての伝統的集団の維持のためだ。そして、ラーの登場拒否とその結果としての修正された祭礼の復活は、現代化と伝統との対立の中で、この僧院と村との間に形成される共生関係が、調整を経ながら活性化される過程として捉えることができる。

3　カーラチャクラ灌頂と平和構築のこころ

†ダライ・ラマ法王とラダックの民族・宗教紛争

ダライ・ラマ法王一四世は、観衆を前に、カーラチャクラ灌頂儀礼に入っていく。ラダックの空は晴れていた。広場は、見渡す限りの人びとで埋め尽くされている。目の前にあるのは、本書冒頭の光景である。

そもそも、ダライ・ラマ法王は、一九五九年のチベット蜂起とインドへの亡命以来、当時ラダックのゲールク派法主だったクショー・バクラ・リンポチェが即座にチベット難民を受け入れたことから、ラダックとは深い結びつきがある。現在ではラダックにダライ・ラマ法王の公邸があり、毎年ラダックに滞在し、僧院で、あるいは一般の人びとに対して法話を行っている。ラダックの人びとにとって、ダライ・ラマ法王は今や身近な存在となっているのである。

実は、現在ラダックは民族・宗教紛争を抱えている。ラダックの属するインド、ジャム・カシミール州は、一九四七年のインド独立以降の三次にわたる印パ戦争の結果、西のパキスタンとの間に停戦ラインが引かれ、北は中国、東はチベットと接し、現在も国境紛争が続く国境未画定地域である。さらに、これと連動して、ラダック内部においてもモスレムと仏教徒の間に民族的・宗教的対立と暴力的衝突が勃発した。その結果、一九八九年にはインド大統領による憲法指定部族法令が制定され、一九九五年にはラダック自治山麓開発評議会条例により、地域開発計画に関する権限がジャム・カシミール州政府からラダックの評議会に委譲された。しかし、紛争は全面的解決には未だ至っておらず、現在も紛争状態が続いている。

このような状況の中で、ラダックの人びとは、国際的に認知されたノーベル平和賞受賞者であり、非暴力の象徴であるダライ・ラマ法王一四世を頂点とする、今やグローバル化したチベット仏教との結びつきを強めることで国際的連携をはかり、カシミールのモスレムとその背後にあるパキスタンに対抗し、さらには中国に対峙しながら、同時にラダック人としての独自の伝統文化と帰属性の維持により多民族・多宗教の共存に向けた様々な紛争解決戦略を展開している。ダライ・ラマ法王によるカーラチャクラ灌頂儀礼もこの平和的紛争解決戦略の一環である。

†「空」と「無我」

ダライ・ラマ法王は、しばしば法話の重要性について言明している。ラダックでのカーラチャクラ灌頂の際にも、本当に大切なのは灌頂ではなく法話だと述べている。もっとも、多くの人びとは、カーラチャクラ灌頂を授かると、死後、伝説の理想郷であるシャンバラ国に行くことができると信じている。そこで、ダライ・ラマ法王は、法話だけを行うと人びとが集まらないので、灌頂と一緒に行うという「賢いやり方」をするのだと説明する。

さらに冗談まじりに、「それにもかかわらず、もっと賢いやり方をする人びとがおり、彼らは法話を聞かずに後半の灌頂だけに参加するのだ」とつけ加え、人びとの笑いを誘う。実際のところ、空と菩提心についての理解はカーラチャクラ灌頂にとって不可欠であり、灌頂という密教儀礼はその理解を体得するための方法として位置づけられる。

法話のテキストには、ナーガールジュナ（龍樹《りゆうじゆ》、一五〇〜二五〇年頃）の『宝の花輪（宝行王正論）』『友人への手紙』『中論《ちゆうろん》』、シャーンティデーヴァ（寂天《じやくてん》、六五〇〜七〇〇年頃）の『入菩薩行論《にゆうぼさつぎようろん》』、カマラシーラ（蓮華《れんげ》戒《かい》、八世紀後半）の『修習次第《しゆうじゆうしだい》』などナーランダ大学の大乗仏教の伝統に基づく著作が用いられ、主題は空の教えと菩提心である。

まず、ダライ・ラマ法王は、空の理解と菩提心を起こすことにより一切智《いつさいち》の境地に向かって歩むことができると説く。『入菩薩行論』の智慧波羅蜜《ちえはらみつ》では、空の見解を理解する智慧が解説される。空を理解する目的は煩悩を滅し、輪廻から解脱することにある。怒りや執着の根本は実体に囚われるこころだ。しかし、ものごとの究極の姿は、その現れ通りではなく、単に名前をつけられただけのものである。つまり、ものごとは、縁起（テン・チュン：他のものに依存する・生じた）しているゆえに、それ自体としての実体性はない。これが空の見解である。

さらに、『中論』では、ものごとは他に依存して生じているのでそれ自体としてはないと実在論を排し、他に依存して生じたことによりそこにあるとして虚無論を排すことにより、両極にある考え方を否定し、「中道《ちゅうどう》」を説く。したがって『般若心経《はんにゃしんぎょう》』の「色即是空《しきそくぜくう》　空即是色《くうそくぜしき》」は、「物質的なものは一切の実体を持たない、同時に、因果の法の解釈としての空があるが故にすべてのものはこの世に存在することができる」と解釈される。すなわち、世俗のレベルでは、単なる名前を与えられた存在であるが、究極のレベルでは、存在しないということになる。

さらに、対象だけではなく、それを見ている自我についても取り上げられる。唯識派《ゆいしきは》においては、外界のすべてのものは存在せず、意識の反映にすぎないとし、それを見ている意識は実体のある存在とする。しかし、中観派《ちゅうがんは》ではこれを否定し、人はこころと体という五蘊《ごうん》（色、受、想、行、識）に依存して名前を与えられているにすぎず、その五蘊もまた部分からなる実体のないものであるとする「無我《むが》」の見解をとる。

ここでは、きわめて微細なレベルの意識である光明《こうみょう》すら、始めも終わりもない連続体と見て、そこに実体はないとする。すなわち、すべてのものは単なる名前を与えられたものにすぎず、その名前にも実体はないと、すべての実体性を否定する。完璧に実体性を滅しきる深遠なる無我の見解こそが、一切智の境地に至るために必要と考えるのである。

†利他によってしあわせになる

また、ダライ・ラマ法王は、いち早く悟りに至る密教があるのであきらめてはならないという。人間としての優れた知性を持っていることを自覚し、二一世紀の仏教徒とならなければいけない。このために、仏教とは何かを勉強し、目的は何なのかを知った上で、自他を入れ替える方法、因果の七法という菩提心を育む方法を実践することが大切だ。さらに、苦しみの原因はかき乱されたこころにあり、仏教では煩悩《ぼんのう》によりこころが乱されていると考えるので、煩悩を滅す対策を講じることが必要だと述べる。

ここで述べられる自他を入れ替える方法とは、自分の楽と他者の苦を交換する「自他の交換(トン・レン、与える・受け入れる)」という瞑想法である。ここでは、正直な自分とは別に、利己心にまみれた放漫な自分を観想することにより、それが嫌なものに見え、利己心を捨てねばならないとの気持ちを起こす。さらに、苦しみにあえいでいる一切衆生《いっさいしゅじょう》を観想することで、かわいそうにと思う慈悲の気持ちを起こし、その苦しみを呼吸とともに吸い込み、浄化された楽を呼吸とともに一切衆生に与える。これにより、自我の過失が修復され、利他心の利益が得られる。ダライ・ラマ法王は、これは『入菩薩行論』の秘伝のような部分だという。そして、一人の良き優しい人間となることで、人びとをしあわせにし、執着を離れ、こころの平和が訪れることは確実であると述べる。

また、因果の七法とは、一切衆生は母であるという平等心を起こし、一切衆生に対して恩を感じ、一切衆生に恩を返すべきだと考え、一切衆生がしあわせになればよいと思い、一切衆生の苦しみを取り除きたいと念じ、自分が責任を持つという決意のこころを持ち、その結果として菩提心を生じさせる、という因果関係によって結ばれた七段階の瞑想による修行法である。ここで、責任を持つという決意は、大乗独自の考え方であり、このために解脱が必要であると考え、菩提心を生じさせる。

なお、私は後に、南インドのチベット人居住区にあるタシルンポ僧院でのダライ・ラマ法王による『菩提道次第《ぼだいどうしだい》（ラムリム）』の講話に参加したが、そこで取り上げられたパポンカ・リンポチェの『解脱を掌握する菩提道次第論』にも、菩提心生起《ぼだいしんしょうき》の二つの方法が解説されていた。

さらに、そこでは、他の人を助けることにより自分のこころが安らかになることを知るべきであり、「利他のこころを持つことは、賢い利己の行い」であると述べられている。すなわち、利他は自分を犠牲にするのではなく、「しあわせを求めるのであれば、自分だけのしあわせを求めるのは愚か者である。利他により他をしあわせにし、自分も、求めなくても自然にしあわせが得られる」と説かれる。菩提心生起の方法は、利己のこころを利他のこころに置き換える修行であり、こころの修行のエッセンスである。

実際、利他的行動が利己的行動に比較してより多くの満足感を得ることを、最近の心理学の実験は指摘している。さらに、このことは、モンゴルのシャマンの成巫過程をも思い起こさせる。シャマンは自分の病気を治すためにはシャマンにならざるを得ないと語った。しかし、これは別の見方をするならば、他者の病気を治すシャマンとなることにより自分の病気も治ることを意味する。すなわち、ここでも利他により自分もしあわせを得ているのである。

†宗教間の調和をめざして

ダライ・ラマ法王の法話はさらに続く。地球上の七〇億人のうち一〇億人は無宗教であり、この人たちもしあわせを望んでいる。したがって、宗教的観点からではなく、すべての命あるものは母から生まれてきたということから始める。人間のこころには本来的に愛と慈悲の種が備わっているので、努力によって自分自身をより良いこころを持つよう培っていくべきである。一人の人間として、命あるものであることを土台として、一切衆生へのおもいやりを持つ。この世俗の倫理により、自分だけでなく、家族もしあわせになり、その輪を地域から世界へと広げ、そこに世界平和が実現される、と説かれる。

さらに、しあわせの源は相手をおもいやることであり、これを教育することが必要だと述べられる。しあわせになるためには、しあわせの原因を作っていかねばならない。五感による一時的なしあわせではなく、意識作用を用いた内なるこころからあふれてくるしあわせを育んでいかねばならない。永続的なしあわせのためにこころを訓練する。禅定《ぜんじょう》（止《し》）と空の洞察（観《かん》）が慈悲のこころに支えられていなければ、本当の修行にならない。他者が自分と同じ立場の人間であるという認識を持ち、人と人とが一つの感覚を共有することにより、ゆったりとした気持ちが広がる。まず、笑顔を見せることで相手も笑顔で応え、互いの距離が縮まる。自分と他者とはまったく同じ一人の人間だと考えることが大切だと説かれる。

ダライ・ラマ法王は、続けて、仏教徒の一人として、宗教間の調和の必要性を説く。すべての宗教は愛と慈悲のこころを高めよというメッセージを発信している。知るべき教えは、宗教や民族という二次的違いはあっても人間は一つであるということだ。その上で、人びとが二次的違いを乗り越え、一つの人間として生きていく日が来ることを願っていると説く。

実際、カーラチャクラ灌頂儀礼に際して、ダライ・ラマ法王自らがモスレムであるジャム・カシミール州政府首長との友好関係を人びとの前で演出し、またラダック・モスレム協会の招請に応じて昼食を共にした。さらには、ラダック人のカシミール州議会議員が、「ラダックの仏教徒の代表としてすべての宗教の調和のため、仏教徒とモスレムが手を取り合いダライ・ラマ法王の指導を実践していきたい」と挨拶することで、ラダックにおけるモスレムと仏教徒との間の民族的・宗教的対立による紛争の激化は効果的に回避されている。ダライ・ラマ法王は、モスレムと仏教徒との間の衝突を回避させるための仲介者としての役割を果たしているのである。

†カーラチャクラ灌頂儀礼

すべての仏教儀礼は、究極的には、一切智の境地に至ることを目的とする。カーラチャクラ灌頂もその例外ではない。カーラチャクラ・タントラは、プトンの四分法による無上瑜伽《むじょうゆが》タントラであり、このタントラ群の中では般若《はんにゃ》・方便双入不二《ほうべんそうにゅうふに》タントラ・クラスに分類される。カーラチャクラ灌頂の目的は、一切衆生を救済するという菩提心をこころの動機とし、密教の実践を方法として用い、大楽と空とが一つであることを感得することにある。

そもそも、灌頂とは、古代インドで国王の即位の儀において、四大海の水を頭頂に注いだ儀式に由来する。また、密教では、伝法、受戒に際して、弟子の頭に香水を注ぐ儀式をいう。実際、カーラチャクラ灌頂儀礼でも、師は水で弟子を浄化し、在家信者の戒、菩薩戒、タントラ

ダライ・ラマ法王とカーラチャクラ灌頂のためのマンダラ

戒を授け、金剛阿闍梨《こんごうあじゃり》としての資格を与える。

灌頂にはマンダラが用いられる。マンダラは諸尊の宮殿であり、色粉によって平面的に描かれるが、四層の建物からなるとされる。最上階中央の大楽輪には、四つの顔と二四の手を持ったカーラチャクラ尊が殿妃の姿で立ち、その周囲に全体で七二二尊が配置される。灌頂では、自身をカーラチャクラ本尊として立ち上げ、マンダラの中に入り諸尊と相見《あいまみ》える。そして、「子どもとしての七つの灌頂」「世間の高度な四つの灌頂」「出世間のさらに高度な四つの灌頂」「金剛大阿闍梨の灌頂」を授けられ、最終的に、大楽と空とが合体した究極の智慧の現れである金剛薩埵《こんごうさった》となる。

「子どもとしての七つの灌頂」は、受胎に始まり、子どもの誕生と幼年期の発達の過程における出来事に対応する。一番目の水の灌頂は生まれた赤ん坊を産湯《うぶゆ》で洗うこと、二番目の宝冠の灌頂は子どもの髪を結うこと、三番目の絹リボンの灌頂は子どもの耳に穴をあけてピアスをつけること、四番目の金剛杵と鈴の灌頂は子どもが言葉を話すこと、五番目の行動の灌頂は子どもが五つの欲望（五欲）を享受すること、六番目の名前の灌頂は子どもの命名、七番目の許可の灌頂は父が子どもに読み書きを教えることに対応している。

そして、それぞれの灌頂において対象物が浄化され、灌頂の小物と弟子に灌頂が授けられ、弟子はマンダラの諸尊と一体となる。したがって、七つの灌頂儀礼は、弟子が母の胎内に宿り、そこから新しく生まれ、浄化の過程を経ることで、金剛阿闍梨としての資格を与えられるという、通過儀礼の形式に沿った入門儀礼となっている。

「世間の高度な四つの灌頂」「出世間のさらに高度な四つの灌頂」における特徴は、瑜伽観法《ゆがかんぽう》による光明体験の中で大楽により空と菩提心とが結びつけられることだ。すなわち、「こころは大楽により抱かれている」。そして、弟子は究極の智慧の現れである金剛薩埵となる。金剛薩埵は、大楽の金剛なるカーラチャクラ尊で、諸尊の源泉である。諸尊との同一化とは、空の瞑想を通した人格変換だ。そこで、自身は理想の性格を備えた諸尊として顕現《けんげん》する。それにより、人は現実の社会において、プライドを持って無理なく菩提心を実践することができる。

†平和構築への意志

ブッダが悟りを開いたとされるインド、ブッダガヤのマハボディ寺院仏塔に向かって祈る人びと

カーラチャクラ・タントラの背景は、世界平和と関連がある。一一世紀に編纂されたカーラチャクラ・タントラには、イスラームの侵攻のもとでのインド仏教の衰退と復興が記される。ここには、理想郷としてのシャンバラ国の王による侵略者への反撃と最終戦争での悪の王の破壊、未来のインド仏教の復興、世界の調和と平和の到来が予言される。これは、キリスト教終末論の千年王国思想や仏教弥勒《みろく》思想、さらにはヒンドゥー教におけるヴィシュヌの救済論に見られる世界の破壊と理想世界の創造の物語と共通する。カーラチャクラ・タントラの実践は、仏教とヒンドゥー教が融合し、破壊と創造という宇宙の循環思想の中で、仏教の再

活性化をはかろうとする運動でもあった。

もっとも、今日のカーラチャクラ灌頂は、世界平和という大きな目的を掲げ、非暴力を方法とし、すべての人びとのこころの変容による紛争解決を目指す。他者へのおもいやりという宗教を超えた世俗の倫理に基づき、世界平和を構築し、その過程で、宗教の問題も、民族の問題も、国家間の問題も自然に解決されることになる。逆に、世界平和なくしては、これらの問題の解決も困難となる。

実際、ダライ・ラマ法王は法話の中で、「世界平和をもたらさない限り、苦しみと災いは、この世の中からなくならない」と述べる。これは、インドのマハトマ・ガンジーが宗教を超えた真理を人間の普遍的価値とし、非暴力を方法として用いて、民衆の力を結集し得たことを思い起こさせる。

カーラチャクラ尊を本尊とする諸尊の宮殿であるマンダラを囲み、世界中から人びとが集まり、会場の外にも様々な人びとが取り囲んでいた。空も慈悲も大楽も一つであると感得した人びとは、灌頂を授けられ、金剛阿闍梨としてのプライドを持って、再び、輪廻世界へと出る。涅槃《ねはん》も輪廻も一つである。人びとは、強い意志を持って、世界平和と人びとのしあわせの実現に向けて実践する。カーラチャクラ灌頂は、単に世界平和を祈るだけでなく、こころの変容を通して、より積極的に世界平和を構築するという平和的戦略による現代の運動なのである。

第八章　こころの自然

1　こころの起源と人類の進化

†こころのはじまり

こころとは人類学的には脳のはたらきである。それは、脳と身体の神経生理学的反応に基づく記憶、感情、思考などを含み、生物学的進化の対象であり主体となる。この定義に基づけば、こころは人類の起源よりはるか以前の、およそ高度な神経系を持つに至った動物にまで遡ることができる。

また、母子間におけるいわゆる利他的行動は、霊長類はもとより昆虫や鳥に至るまで子育てをする生物に広く見られる。この意味では、こころの起源は子育てをする生物、さらには雌雄分化した生物にまで遡ることができる。あるいは、こころの定義を最大限にとり、主体的な生命維持のための自他識別、恒常性、自己複製等の能力までを含めるならば、こころのはたらきは生命活動そのものであり、こころの起源は生命の起源と同一視されるかもしれない。

もっとも、仏教では、慈悲の実践のために母の愛とその恩を出発点として、そのこころを衆生にまで拡大させるという瞑想や教育が行われる。これは、母の子に対する利他的行動は、一般的な利他的行動というよりも、生物の生存のための母子間に限定される本能行動であることを示している。人間としてのこころは、本能的なこころのはたらきそのものではなく、それに源を発しながらも一般化し、制御し、自覚的なはたらきとしたものだ。したがって、このこころこそが人間としてのこころの起源であり、人間性の起源となる。本当は、わたしたちは人間としてのこころの起源までにさえ到達していないのかもしれない。

アフリカで七〇〇万年前に誕生した人類は、それぞれの地域に適応しながら地球上に拡散し、様々な生活や社会や文化を作りあげ今日に至る。社会は、狩猟採集民に見られる平等的社会から、序列化・階層化社会、さらには王国という複雑社会まで展開した。また、自然を神とし対等な関係を作ってきた人類は、自らが作りだした高位の神により、自らを、神、人間、自然という垂直的支配と従属の関係の中に位置づけた。

人間のこころは、このような人類の進化の過程における生態と社会に結びつき、そこで生まれてきた。初原的同一性と互恵性というこころのはたらきは人類に広く見られ、進化の過程を通して継続してきた。初原的同一性とは、カナダ・インディアンに見られるように、人間と動物とは異なるものであるが本来的に同一であるとする思考である。より一般的には、併存する二元性と同一性との間の矛盾を解消しようとする説明原理だといえる。自然の中で自然とともに暮らす人びとは、人間も自然もその本質においては一つであると生活の中で日々体験している。したがって、これは宗教以前の宗教であり、人間の内なる自然がそのまま反映されたものなので、自然的宇宙観と呼ぶことができるかもしれない。

†狩猟の論理

互恵性とは交換を通して形成される社会関係である。人間の認識する社会には、人間社会と自然の人格化による超自然的社会との二つがある。狩猟の論理は、初原的同一性の思考に基づき自然を人格化し、人間と超自然との関係を贈与と返礼による互恵性として認識する。さらに、人間社会では、交換と再分配を通して互恵性が形成され、個人と集団の生存を可能とする。互恵性の形成には、利他心や利己心というこころの社会性の意識的、無意識的な発動が関わっている。また、互恵性が恒常性を持ち、全体として一つの体系が形成されている状態が共生である。

この狩猟の論理は、狩猟活動と強く結びついているため、その起源は少なくとも二〇万年から三〇万年前の現生人類の直系の祖先であるホモ・サピエンスにまで遡ることができる。あるいは、狩猟採集民に見られるわかちあいのこころは、大型動物の狩猟活動が始まり食料の分配が行われた一九〇万年前のホモ・エレクトスにまで遡ることができるかもしれない。また、互恵的協力行動の進化の条件はチンパンジーなど人以外の霊長類によっても満たされていることから、互恵性は七〇〇万年前の初期人類にまで遡り得る。ここでは協力と競争を通したマキャベリ的知性の進化が始まっていたのだろう。

さらに、一七五万年前のジョージアのドマニシ遺跡で発見された歯のない初期ホモ属が生きていたこと、六万五〇〇〇年前から三万五〇〇〇年前のイラク、シャニダール洞窟で左眼窩を粉砕骨折し腕と脚が不自由なネアンデルタール人が生き延びていたこと、埋葬されたネアンデルタール人などから、彼らの他者へのおもいやりのこころを想定することもできる。

また、七万五〇〇〇年前の南アフリカのブロンボス洞窟で発見された貝殻製首飾りや模様の刻まれた赤色顔料の塊、七万年前のタンザニア、ロイヤンガラニ川流域から出土したダチョウの卵殻製ビーズ、六万年前の南アフリカ、ディープクルーフから出土した彫刻の施されたダチョウの卵殻の欠片から、当時のホモ・サピエンスの表象能力を持つこころのはたらきを知ることができる。

さらには、六万四八〇〇年前のスペイン、ラパシエガ洞窟からはネアンデルタール人による世界最古とされる壁画がみつかっている。もっとも、これらのこころのはたらきがはっきりと表現されるのは、ホモ・サピエンスが出現し、言語と世界観が飛躍的に発達した一万年から四万年前の後期旧石器時代における洞窟壁画においてである。

†利他心の起源

したがって、初原的同一性と互恵性の認識は、現在、地球上に生きる私たち現生人類において普遍的に見られる。北方狩猟採集民においては、動物と人間との結びつきが強いため、これらは動物を中心に展開、強調され、熊祭りという祭礼を作りあげた。遊牧社会においても、カムチャツカのトナカイ遊牧民に見られるように、儀礼を通して自然のサイクルの中に自己を同一化させ、神々との間で新たな互恵的関係を作った。また、モンゴルのシャマンは祖先の霊を憑依し、神話的時空間における初原的同一性の場への回帰と、混沌から秩序への回復により、そこで獲得した力を治療に用いる。

同様に、西チベット、ラダックのシャマンは神々と同一化し、人びとに託宣を告げ、治療を行う。ウパニシャッドの思想では自己と宇宙とを同一化し、また、仏教の瞑想で空を体得する修行僧は、すべての現象に関する固有の存在や自我の否定という本源的な真理に同一化し、そこから生きとし生けるすべてのものに慈悲を与えるという利他心を実践する。すなわち、二元性と同時に同一性も人間に普遍的なこころであり、これを自覚し統合する論理が初原的同一性である。人間性の起源は初原的同一性にある。そこから、自己と他者とは異なるものではなく本来同じなのだということ、したがって、その関係は対立ではなく互恵的なのだというこころのはたらきが生まれる。他者へのおもいやりや生命に対するいつくしみの感情は、この人間性に深く根ざしている。このこころのはたらきの根源は、自他の区別を超えたこころの自然である。

実際、カナダ・インディアンに見られるわかちあいのこころ、アイヌの熊祭りに見られる共生とおもいやりのこころ、トナカイ遊牧民の循環と平等原理のこころ、モンゴル・シャマンの人びとの願いに応えるこころ、ラダックの仏教僧院の祭礼に見られる慈悲のこころは、すべて他者をおもいやる利他心であり、初原的同一性の感覚に源を発する。

†人類の進化は不適応なのか

こころは人類進化における社会の展開に伴う新たな課題に対処して、様々な文化装置を作り出すことで個人と社会の存続をはかってきた。狩猟採集民のキャンプでの獲物の分配、アイヌの熊祭りにおける序列化と平等原理の併存した分配方法、コリヤーク社会における富の偏在に対処するためのトナカイ橇レースによる再分配のシステム、モンゴルのシャマンの成巫過程と社会的役割、ラダック仏教僧院の生態と祭礼を通した僧と村人との共生関係は、このこころの発動のための様々な文化装置だ。さらに、チベットの仏教儀礼では、瞑想を通してこころを自然の原点に回帰させ、そこから究極の利他心を動作させることで、自他のしあわせとともに平和構築を実現しようとするこころの自己制御が見られる。

こころの自然の中で、いつくしみとしあわせが生み出されている。このこころのはたらきを、宗教は個人や家族の範囲を越えて、地域社会、国家、人類全体、さらには地球上の生きとし生けるものすべてにまで広げようというのである。

人間は言語を活用し、自然との関係を認識し、それにより文化を発展させ、地球上への適応放散を果たしてきた。しかし、別の視点から見れば、人間は自己を正当化し、虚構の論理的世界を構築し、これが人類を他の生物にとって、もっともやっかいな存在にしたともいえる。地球上に拡散した人類は文明を作り、環境を破壊し、さらに正義であるとの正当化のもとに同じ人類を殺戮してきた。その結果、人類は人類自身にとってさえ、もっとも危険な存在になった。現代の地球環境問題も紛争もこの延長線上にある。

もし、そうならば、人類の進化は、適応という観点からは本当は不適応ということになるかもしれない。人類の進化は生物界全体から見ると、ヒト科の脳容量の増加による定向進化であり、人間と自然との乖離と、自己中心的な一方向への特殊化の過程でしかないとも考えられる。人類の将来についての最悪のシナリオは、人類が他の生物をも道づれにして絶滅するというものだろう。そもそも、生物の進化は人類も含め絶滅と新しい種の適応放散のくり返しだった。

それにもかかわらず、このような状況のもとで、人類についての最良のシナリオをもし挙げるなら、人間はもう一度、人類進化史におけるこころと人間性の起源という根源的事実を知り、こころの自然にまで遡り、そこから長期的展望に立って人類の未来を照射し、それを実現するためのこころの制御を行うことである。こころは人類進化においてそうであったように、適応の産物であると同時に行動の内なる主体となるからである。

2　こころの自然に生きる

†死の瞬間から日常を見る

人間は理性により人間となることができた。理性とは言葉により対象を弁別し、世界を再統合し、理解する力である。同時に、このことは、私たちが見ている世界は、私たちそれぞれの独自の認識に基づいて作り出された世界観にすぎないことをも意味する。そうであれば、理性を越えた普遍的な世界の真実というものはあるのだろうか。もし、あるのならば、それはどのようなものなのだろうか。

死の瞬間、人の感覚や認識作用は低下し、意識は遠ざかり、やがて最後の細胞のはたらきが停止し、自我は虚空に溶け込み、生命は終わりを告げる。また逆に、一つの細胞としての生命の発生の瞬間、人は理性のない世界に誕生する。妊娠と出産を経てこの世に生まれた時、人は幻のような現実の中で感覚だけに頼って生きる。その後、人は様々な社会の規範や生き方を学び、人間として成長する。この死と誕生の瞬間の世界は、理性を越えた世界だ。そこには規範や善悪の判断や自他の区別はない。世界は虚空のような世界である。

この世界から、日常の世界を見ると、すべては幻のようだ。目の前にある日常は同じである。しかし、日常の世界のあらゆるものが絶対的な存在ではないと知ることで、あらゆるものにこころを囚われることなく、そのため悩みもない。さらに、あらゆるものに新鮮な親しみを感じ、こころはしあわせに包まれている。このような世界を日常に組み入れることで、他者へのいつくしみと、それによって湧き上がるしあわせの感覚を思い起こさせ、日常が活性化される。さらに、大切なのは、どんなに社会が複雑になろうとも、私たちは、このこころの根源的な感覚を忘れてはいないことである。

†利己、利他を越えたこころの自然

利己的行動や利他的行動は、外面的には異なった位相として現れるが、本来は一つのこころのはたらきである。このこころのはたらきの本質は、利己的行動や利他的行動の主体となる自我を越えたレベルにあるこころの自然である。この時、こころの自然の中でしあわせの感覚を生み出しているのは、自他を越えた同一化そのものである。実際、カナダ・インディアンが動物を狩猟する瞬間、シャマンが神々となる瞬間、チベットの僧が瞑想において大楽と空と慈悲とを一つとして体得する瞬間、自他の区別を越えた同一性の中で、こころはしあわせに包まれている。

こころの根源的な真実とは、理性を越えた普遍的なこころの世界であり、仏教でいう空に相当する。現実世界の現象は他に依存して単に名前をつけられてあるだけで、それ自体として存在しているのではないとする空の理解は、現実の世界で異なっているものも本来は同じであるとする初原的同一性の思考と共通する。

もっとも、仏教における空の理解が現実への執着から離れることを目的とすることに対して、初原的同一性と互恵性の思考は、現実世界の現象が関係の総体としての体系であることを強調する。それにもかかわらず、両者とも現実世界を絶対的存在とは見ていないこと、そして、理性を越えた世界があること、さらには現実世界は相互依存により成り立っていることを認める点で共通している。

このこころの根源的な真実の理解に基づくと、もはや、理性を越えた世界と日常の現実世界とは同じである。これが自然的宇宙観への回帰である。その時、こころはあらゆる分別から離れ、何ものにも縛られない。これがこころの自然である。人は、こころの自然に生きるのである。

エピローグ

†二一世紀の仏教徒

ラダックにおけるカーラチャクラ灌頂儀礼が終了した翌日、人びとは朝早くから再び会場に集まった。長寿を得るための白ターラの灌頂を受け、さらに、ダライ・ラマ法王一四世の長寿を願うためであった。

白ターラは、地水火風空の五大要素の中のルン（風）の現れとしての女尊の菩薩である。こころが揺れ動くのはルンによるものだ。寿命はルンのように揺れ動き、ターラはこのような寿命を延ばす加護の力を持つ。

人びとは、こころの中に空を思い起こし、その理解を白ターラ本尊として立ち上げる。頭頂《とうちょう》に無量寿《むりょうじゅ》（阿弥陀《あみだ》）を頂いた白ターラ本尊として生起している師の心臓から光が出て自分に生起した白ターラの心臓にあたり、その光の中に吸い込まれ、過失により衰退している寿命が不死の甘露により修復される。再び師の心臓から光が出て、粗いレベルと微細なレベルの地水火風空の五大要素として流れ出し、それぞれが黄白赤青緑の光の甘露となり白ターラとなった自身に流れ込む。光と甘露が流れ込むことで、五大要素は強くなる。微細なレベルの要素から修復し強めることで、人は不死の境地を実現したと考えるのである。

白ターラ菩薩の長寿の灌頂が終わり、ダライ・ラマ法王は人びとに「単に信心するのではなく、仏教とはどういうものかをはっきりと理解した上で、二一世紀の仏教徒にならねばならない」と説く。引き続き、ダライ・ラマ法王一四世の長寿を祈る儀式が僧たちにより始められ、宇宙の象徴であるマンダルの供養が進められる。

†次々と登場する神たち

突然、堂内に座するダライ・ラマ法王の前に、頭飾りを被り、金や赤の糸で刺繍された絹の衣装を着け、右手に丸い銀の鏡を持ち、胸の前にも鏡を下げたラバ（男のシャマン）が登場し、叫び声をあげる。ツェリン・チェンガー（長寿の五姉妹）と呼ばれるチベットのラー（神）である。ダライ・ラマ法王の玉座の前にすり寄り、媚びるようにしきりに顔をゆがめながら、ダライ・ラマ法王に敬意を表する。

同時に、会場の聴衆の中からは、ラダック人のラモ（女のシャマン）が大声をあげて立ち上がる。地方神であるラーがシャマンに憑依したのだ。警備の係員たちは、前後不覚となり叫ぶ彼女の両脇を抱え、ダライ・ラマ法王の前に連れてくる。ダライ・ラマ法王は彼女の首に吉兆の印である白布のカタックを掛け、金剛杵で彼女の頭に触れる。憑依したラーが去り、彼女はその場で気絶し、人びとにより抱え出される。

今度は、堂の南側にある古い堂の中から、大きな三角形の頭飾りを被り、装飾された絹の衣装を着け、胸の前に鏡を下げたシャマンが走って登場する。ダライ・ラマ法王の私的なラーで、同時に、チベット国の守護神であるネチュンである。チベット亡命政府の置かれているダラムサラにはネチュンのための僧院があり、必要な時にはシャマンにネチュンを憑依させ、政府の閣僚の前で託宣を告げさせる。また、一九五九年にダライ・ラマ法王一四世が、ラサを脱出しインドに亡命する決断をした際、このネチュンの託宣に従ったとされている。

ネチュンはダライ・ラマ法王の玉座の前に進み出て、法王に託宣を告げる。法王は顔を近づけ、小声で話すネチュンの口元に耳をあてる。その後、ネチュンは堂の前に進むと、麦粒を人びとの頭上に撒く。人びとは歓声をあげ、地面に落ちた麦粒を我先にと拾う。この麦粒はネチュン・チャクネと呼ばれる赤く染められた大麦粒であり、人びとがお守りとして大切にする。そして、ネチュンはもとの堂に戻る途中で気絶する。僧たちは急いで重い頭飾りを外し、衣装を取り、気絶したシャマンを抱え上げてもとの堂へと入る。

この間にも、三、四人のラバやラモが、観衆の中で叫び声をあげて憑依する。そのたびに、彼らはダライ・ラマ法王の前に連れてこられる。法王は玉座の上から手を伸ばして彼らの首にカタックを掛け、頭を金剛杵で触れ、あるいは、体を震わせ立っている彼らに向かって右手を手刀のようにして強く突き出す。その瞬間、ラーは彼らの身体から去り、彼らはその場で気絶する。

このラバやラモは、ラダックの村々で普段から人びとの病気を治しているシャマンたちである。ダライ・ラマ法王に敬意を表するために、彼らの持つそれぞれの地方神であるラーが彼らに憑依し登場したのである。次々と出現するラーに人びとは感嘆の声をあげ、興奮している。もっとも、ラダックの人びとにとってラーの登場は珍しいことではない。人びとは、日常生活の中でも、また、僧院の祭礼においても、ラーの登場を経験している。ラーは人びとの世界の一部なのである。

読経が続き、僧により、マンダルがダライ・ラマ法王に奉献される。ダライ・ラマ法王はマンダルの上の吉祥の麦粒を空中に撒く。読経と並行して、人びとはダライ・ラマ法王への献上品を持参し、長い列を作る。ダライ・ラマ法王は、彼らからカタックを受け取り、赤いカタックを返礼として与える。堂の前では、モンによる音楽が奏でられ、ラダックの伝統的な民俗舞踊が始まる。鎧、兜を着け、弓矢、刀を持った戦士の踊り、吉兆の踊り、ペラックと呼ばれるトルコ石のついた頭飾りを被り民俗衣装を着けた女たちの歌と踊りが続く。

読経が終わり、主催者であるラダック仏教徒協会などから、ダライ・ラマ法王への感謝の言葉が述べられる。ラダック出身の国会議員は「ダライ・ラマ法王の助言に基づき、すべての仏教徒、モスレムが手に手を取り合い、宗教の調和を実践していきたい」と述べる。現在、ラダックで起きている仏教徒とモスレムとの間の紛争を念頭に置いた発言である。

また、ジャム・カシミール州政府長官は「私自身はモスレムだが、祖父の代から親交のあるダライ・ラマ法王の加護の力がラダックの人びとの力となり、また、ダライ・ラマ法王がジャム・カシミール州の州都であるスリナガルを過去五年間に渡り、毎年訪問してくれたことに感謝する」と述べる。これに対し、ダライ・ラマ法王は「三代にわたるジャム・カシミール州政府長官はチベットの状況を思ってくれた良き友人であり、ざっくばらんな親しい関係を築いてくれた」と返礼を述べる。そして最後に、「すべてのものを、より良いものに変えていく」という吉祥の言葉を唱えて、集会は終了した。

†ダライ・ラマ法王の「リアリティー」

私は目の前で繰り広げられる光景に困惑していた。深遠な仏教哲学や厳粛な仏教儀礼と、ラーを憑依して叫ぶシャマンたちが同じ場にいることに違和感を覚えたのである。しかも、ダライ・ラマ法王はもとより、観衆はそれがまるで当たり前であるかのように、この光景を共有していた。かつてダライ・ラマ法王は、仏教徒であるあなたがどうして神や霊と関係を持っているのかと西洋人に尋ねられたことがあったという。彼は「それがリアリティー（現実）だから」と答えた。さらに、ダライ・ラマ法王は、「ネチュンがいて人の役に立っている。仏である、霊であるということで人に害を与えてはならず、他の人の役に立つようにならねばならない」と述べる。

リアリティーとは、ありのままの現実ということである。もっとも、空の理解に基づくならば、この現実は空である。すなわち現実とは、それ自体としての実体を持たない、原因と条件に依存して名前を与えられただけのものにすぎない。したがって、神や霊のみならず、諸尊さえ空であり、同時に現実である。これらは、すべて人間のこころを原因として作り出されたものにすぎないからだ。実際のところ、シャマンによる治療も、仏教儀礼による長寿祈願も、さらには、カーラチャクラ灌頂儀礼でさえ、こころと身体に関わる心理療法に他ならない。すなわち、現実を空であると理解し、その上で、空なる現実を用いて、現実をより良いものにするのである。

さらに、他のものに依存して単に名前を与えられて存在しているにすぎないという、無我の深遠なる見解によれば、自分も含めてあらゆるものたちは、それ自体として独立している個人ではなく、相互関係の中で存在している。この仏教的理論は、自然と文化の人類学の観点から見れば、初原的同一性と互恵性の考え方に沿っているといえる。すなわち、異なるものは本来同じであり、互恵的関係によって結ばれている。さらに、世界は恒常的な互恵性としての共生関係により形成される一つの体系である。異なるものは対立ではなく共存しているのである。

カーラチャクラ灌頂儀礼の一連の行事は、初原的同一性の場であった。人びとは、諸尊や神々や霊たち、政府の高官や僧や乞食、さらには、異なる宗教の人びとと一堂に集い、すべてのものは本来同じであるという自己と宇宙の関係の根源的真理を感覚的に体験し、同時に、現実の社会の中でより良く生きていくための力を得た。涅槃も輪廻も一つであり、こころはしあわせによって抱かれている。

この光景の中で、私は嬉しくなっていた。同時に、他の人びとがきっとそうであるように、私も生きる力を少しだけ得たように感じたのである。

あとがき

こころとは何か。そして、人間性の起源はどこにあるのか、さらに、こころは人類の未来を変えることができるのか。本書は、フィールドからこれらの問いに答えようとする試みである。

私が一九七〇年に初めて日本で人類学のフィールド調査を行って以来五〇年近くが過ぎた。この間、トナカイ狩猟民であるカナダ・インディアン（一九七三〜一九七九年）、極北ロシアのトナカイ遊牧民コリヤーク（一九九三〜一九九七年）、北海道のアイヌ（一九八四〜二〇一二年）、モンゴルのモンゴル遊牧民（一九九五〜二〇〇〇年）、インド北西部のラダック王国（一九七九〜二〇一九年）、チベット（一九八三〜二〇一九年）など、フィールドの旅を続けてきた。

そこで目にした多様な文化と社会の内側には、常に人びとのこころのはたらきがあった。こころは人類の生態や社会と密接に結びつきながら生まれ、発動し、新たな宗教や文化を生み出していた。それは人間の生と死としあわせにも深く関連する。自然であり同時に文化でもあるこのこころの本質とは何かを、私は知りたいと思ったのである。

本書の理論と方法論は、「自然と文化の人類学」という新たな人類学のパラダイムに基づいている。ここでは、人間を自然であると同時に文化であると捉え、自然人類学と文化人類学の交叉する領域である人間の活動を研究対象とする。

ここでの人間活動とは、生物学的なヒトの活動に、文化の領域とされてきたこころを加えたものと定義する。「人間は文化をもつ動物である」との考えに立ち、自然人類学が人間の生物学を重視したのに対し、文化人類学は文化こそが人間の特徴であるとした。これは、人間というものを自然と考えるか、それとも文化と考えるかという立場の相違であり、物質と精神、動物と人間、自然と文化という西洋の対立的二元論を背景としている。そして、この二つの異なる立場は、それぞれ自然人類学および文化人類学という二つの学問分野を形成することになった。

しかし、実際のところ、自然と文化という範疇は人間が作った概念にすぎない。人間は自然であると同時に文化でもある。自然と文化を別個のものとして切り離し、それぞれを研究対象とすることで、結果的には人間の全体性への視点と、それを探究するための可能性とを放棄したのである。

そこで、新たなパラダイムでは、人間活動そのものの中に自然と文化があると考える。人間活動の分析は、人間の全体的理解を体系的アプローチから行なう。これを、自然人類学と文化人類学を繋ぐパラダイムとしての「自然と文化の人類学」と呼ぶことができる。また、人間の生活の営みとしての生態の研究であることから、広く生態人類学と呼ぶこともできる。さらには、学問分野に囚われないという理由から何々学という名称をあえて用いず、自然と文化を統合した広義の自然の研究という意味で自然誌と呼んでもよい。視点や背景により呼び方は様々であっても、従来の対立的二元論を越えた全体的理解による人間の研究という意味で、その内容は同じである。

人間のこころとその発動は人間活動そのものであり、「自然と文化の人類学」のパラダイムで捉えられる。こころとは人類学的には脳のはたらきである。それは、脳と身体の神経生理学的反応に基づく記憶、感情、思考などを含み、生物学的進化の対象であり主体となるものでもある。したがって、こころは人類の起源よりはるか以前の生命にまで遡ることができるかもしれない。もちろん、言語や感情や手先の器用さなどを司る大脳前頭葉の発達は、現生人類（ホモ・サピエンス・サピエンス）に顕著であることも進化的事実だ。このため、人類は技術、芸術、宗教、社会制度、規範などの文化を作り上げてきた。こころは脳の様々なはたらきを包括した進化的産物であり、同時に所与の条件に適応し得る柔軟性を備えた複雑な体系を構成している。

すなわち、こころは単純に文化の領域に属するものではなく、人間活動を通して自然や文化と相互に関連し合い、人間集団の生存にとって適応的な行動戦略を決定する。文化とは、こころのはたらきがより発現しやすくなるために人間集団に共有される制度化された指針であり、人間が所与の課題解決状況に対応するための行動戦略として人類進化史の中で開発、調整、伝達されてきたものである。このように、「自然と文化の人類学」の新たな枠組みのもとで、文化の概念は再定義される。

さらに、「自然と文化の人類学」は社会問題の解決、紛争解決、世界平和の構築としあわせの実現のための、こころの戦略と実践研究にも展開される。こころの探求は私たち自身が何者であるかについて様々なことを教えてくれるだけではなく、紛争解決やしあわせを実現するための方法を示してもくれる。物質的なものに目を奪われやすい現代にあって、私たち自身の内側にあるこころに目を向けることは大切だ。例えば、いつくしみのこころが自他ともにどのような良い結果をもたらすのかを知ることで、私たちは目的を持ってこころを自己制御することができる。家族においても、また学校においても、科学的な知見にもとづくこころの教育は重要になってくるはずである。

したがって、自然と文化の人類学のパラダイムによるこころの研究は、こころの人類学と呼ぶことができる。こころにおける自然と文化の関係を分析し、こころの本質を明らかにすることは、「人間とは何か」という人類学の課題のみならず、「人間はいかに生きるか」という人類の永遠の問いへの挑戦ともなる。

ところで、人類学、先史学、民族学は新たな課題と時代の要請に応えて、分化と統合を繰り返しながら展開してきた。二一世紀において、民族学・文化人類学は社会科学研究のための様々な方法論への貢献を行い、従来の伝統文化の民族誌的研究から離れ、新たな課題のもとに社会科学の中に拡散するという研究動向が見られる。したがって、現在の人文学、社会科学のみならず理系分野を含む領域再編成の動態の中で、それぞれがいったん分野の枠を取り払い、明確な目的のもとに独自の理論と方法論を持って、新たな領域において社会的案件研究のためのいかなる役割を担うかが重要となる。ここで提示した「自然と文化の人類学」のパラダイムがそのための礎になれば幸いである。

最後に、本書を上梓するにあたり、常に私の師であり、私に学ぶ機会を与えてくれたフィールドでの多くの人びとをはじめ、東京大学、カナダのマニトバ大学、サイモン・フレーザー大学、カナダ国立博物館、国立民族学博物館、北海道大学などの研究教育機関、科学研究費助成事業の支援を受けた文部科学省、日本学術振興会などに謝意を表する。さらに、ちくま新書編集部山本拓氏には本書の出版の労をとっていただいた。すべての人びとに感謝するとともに、本書が少しでも人びとの役に立つことができれば幸いである。

参考文献

邦文文献

伊谷純一郎・原子令三（編）『人類の自然誌』雄山閣、一九七七年
犬飼哲夫・名取武光「イオマンテ（アイヌの熊祭）の文化的意義とその形式（一）」『北方文化研究報告』二：二三七〜二七一頁、一九三九年
犬飼哲夫・名取武光「イオマンテ（アイヌの熊祭）の文化的意義とその形式（二）」『北方文化研究報告』三：七九〜一三五頁、一九四〇年
伊福部宗夫『沙流アイヌの熊祭（みやま双書六）』みやま書房、一九六九年
今西錦司『今西錦司全集一〜一二』講談社、一九七四〜一九七五年
煎本孝「ラダック王国史の人類学的考察——歴史-生態学的視点」『国立民族学博物館研究報告』一一（二）、四〇三〜四五五頁、一九八六年
煎本孝「ラダック王国史覚書」『ヒマラヤ仏教王国一　人間曼陀羅界』田村仁（撮影）、梅棹忠夫（序文）、石井溥、今枝由郎、煎本孝、鹿野勝彦、真鍋俊照（解説）、三省堂、二一四〜二二二頁、

一九八六年
煎本孝「沙流川流域アイヌに関する歴史的資料の文化人類学的分析：c. 一三〇〇〜一八六七年」『北方文化研究報告』一八：一〜二二八頁、一九八七年
煎本孝「アイヌにシャマニズムはあるか――聖典、治療、演劇の象徴的意味」『民族学研究』六〇（三）：一八七〜二〇九頁、一九九五年
煎本孝『文化の自然誌』東京大学出版会、一九九六年
煎本孝「蒙古薩満教的文化人類学分析」『第三次蒙古学国際学術討論会論文提要』内蒙古大学、四一三〜四一四頁、一九九八年
煎本孝『カナダ・インディアンの世界から』福音館文庫、二〇〇二年
煎本孝『トナカイ遊牧民、循環のフィロソフィー――極北ロシア・カムチャツカ探検紀』、明石書店、二〇〇七年
煎本孝「日本における北方研究の再検討――自然誌‐自然と文化の人類学‐の視点から」*Anthropological Science (Japanese Series)* 一一五：一〜一三頁、二〇〇七年
煎本孝「人類の進化と北方適応」『文化人類学』七四（四）：五四一〜五六五頁、二〇一〇年
煎本孝『アイヌの熊祭り』雄山閣、二〇一〇年
煎本孝「生態人類学」『内蒙古大学民族学社会学院講義』内蒙古大学、二〇一四年一〇月一二〜一六日
煎本孝『ラダック仏教僧院と祭礼』法蔵館、二〇一四年

煎本孝「ダライ・ラマ法王によるタシルンポ僧院でのラムリム（菩提道次第）法話（一）」*Tibet Journal* 2016, Summer, 二二一〜二二五頁、二〇一六年
煎本孝「ダライ・ラマ法王によるタシルンポ僧院でのラムリム（菩提道次第）法話（二）」*Tibet Journal* 2016, Autumn, 一四〜一七頁、二〇一六年
煎本孝「ダライ・ラマ法王によるカーラチャクラ灌頂と世界平和の構築（一）」*Tibet Journal* 2017, Spring, 二四〜二八頁、二〇一七年
煎本孝「ダライ・ラマ法王によるカーラチャクラ灌頂と世界平和の構築（二）」*Tibet Journal* 2017, Summer, 二三〜三〇頁、二〇一七年
煎本孝・山田孝子（編）『北の民の人類学――強国に生きる民族性と帰属性』京都大学学術出版会、二〇〇七年
煎本孝・山岸俊男（編）『現代文化人類学の課題――北方研究からみる』世界思想社、二〇〇七年
煎本孝・高橋伸幸・山岸俊男（編）『集団生活の論理と実践――互恵性を巡る心理学および人類学的検討』北海道大学出版会、二〇〇七年
梅棹忠夫『狩猟と遊牧の世界――自然社会の進化』講談社学術文庫、一九七六年（『梅棹忠夫著作集第八巻』中央公論社、一九九〇年収録）
梅棹忠夫『梅棹忠夫著作集一〜二二』中央公論社、一九九〇〜一九九三年
エリアーデ、ミルチャ『シャーマニズム――古代的エクスタシー技術』堀一郎訳、冬樹社、一九七四〔一九六四、一九六八〕年（*orig.* Eliade, Mircea *Le Chamanisme et les techniques*

archaïques de l'extase, Paris: Libraire payot, 1951; 2éd. revue et angmenté Payot, Paris, 1968; *Shamanism, Archaic Techniques of Ecstasy*, translated from the French by Williard R. Trask, Bollingen Series LXXVI. New York: Bollingen Foundation, 1964.)
大石衡聴「脳科学からの言語へのアプローチ——言語の機能局在」『言語と思考を生む脳』甘利俊一（監修）、入來篤史（編）、二一一〜四〇頁、東京大学出版会、二〇〇八年
大塚柳太郎・西田利貞・田中二郎（編）『生態学講座二五・人類の生態』共立出版、一九七四年
オールマン、ウィリアム『ネアンデルタールの悩み——進化心理学が明かす人類誕生の謎』堀瑞絵訳、青山出版社、一九九六年（*orig.* Allman, W. F. *The Stone Age Present*. 1994.）
尾本恵市『ヒトと文明——狩猟採集民から現代を見る』ちくま新書、二〇一六年
上村靖司、筒井一伸、沼井夏生、小西信義（編）『雪かきで地域が育つ——防災からまちづくりへ』二〇一八年
木村英明『シベリアの旧石器文化』北海道大学図書刊行会、一九九七年
金田一京助「熊祭の話」『民俗学』一：一〜一二頁、一九二九年
金田一京助『金田一京助全集一〜一五巻』三省堂、一九九二〜一九九三年
久保寺逸彦『アイヌ叙事詩——神謡・聖伝の研究』岩波書店、一九七七年
クレイノヴィチ、エルヒム『サハリン・アムール民族誌——ニヴフ族の生活と世界観』桝本哲訳、法政大学出版局、一九九三年（*orig.* Крейнович, Е. А. *Загадочные обитатели Сахалина и Амура*, Издательство. Наука. 1973.）

佐藤直太郎「釧路アイヌのイオマンデ」『釧路叢書三・佐藤直太郎郷土研究論文集』、九五〜一七八頁、一九六一年

嶋崎昌『隋唐時代の東トゥルキスタン研究——高昌國史研究を中心として』東京大学出版会、一九七七年

哲里木盟文化処（編）(jirim 盟文化処編)『科爾沁博芸木初探』通遼、内蒙古通遼教育印刷廠、一九八六年

シュテルンベルク、レオ「ギリヤークの宗教（I）」『北アジア民族学論集二』和田完訳、二五〜四一頁、一九六六年（*orig.* Sternberg, L. *Die Religion der Giljaken.* (Aus dem russischen Manuskript über setzt von A. von Peters), Archiv für Religion swissenschaft, Bd. VIII, S. 1905. 244-274.)

スタン、R・A『チベットの文化』山口瑞鳳・定方晟訳、岩波書店、三四六頁、一九七一年（*orig.* Stein, R. A. French ed. *La Civilisation Tibétiane*, pub. by Dunod, Editeur, Paris, 1962.)

田中二郎・掛谷誠（編）『ヒトの自然誌』平凡社、一九九一年

ダライ・ラマ一四世『宗教を越えて——世界倫理への新たなヴィジョン』三浦順子訳、サンガ、二〇一二年（*orig.* His Holiness The Dalai Lama *Beyond Religion: Ethics for a Whole World.* Tokyo, 2011.)

ダンバー、ロビン『ことばの起源——猿の毛づくろい、人のゴシップ』松浦俊輔、服部清美訳、青土社、一九九八年（*orig.* Dunbar, R. Grouming, *Gossip and the Evolution of Language.* Faber

& Faber, 1996.)
知里真志保「アイヌ語のおもしろさ」『日本文化財』一五：三、奉仕会出版部、一九五六年
辻直四郎（訳）『リグ・ヴェーダ讃歌』岩波文庫、一九七〇年
ディーコン、テレンス・W『ヒトはいかにして人となったか——言語と脳の共進化』金子隆芳訳、新曜社、一九九九年（*orig.* Deacon, T. W. *The Symbolic Species—The Co-evolution of Language and the Brain.* New York: W. W. Norton and Company Inc., 1997.）
中村元『中村元選集：決定版第九巻・ウパニシャッドの思想』春秋社、一九九〇年
ニオラッツエ、G.『シベリア諸民族のシャーマン教』牧野弘一訳、生活社、一九四三〔一九二五〕年（*orig.* Nioradze, Georg *Der Shamanismus bei den sibirischen Völkern.* Stuttgart: Strecker und Schröder）
西田利貞『人間性はどこから来たか——サル学からのアプローチ』京都大学学術出版会、二〇〇七〔一九九九〕年
ニスベット、リチャード／ドヴ・コーエン『名誉と暴力——アメリカ南部の文化と心理』石井敬子、結城雅樹編訳、北大路書房、二〇〇九年（*orig.* Nisbett, R. E. and Dov Cohen *Culture of Honor—The Psychology of Violence in the South.* Westview Press, 1996.）
馬場悠男（編）「人間性の進化——七〇〇万年の軌跡をたどる」『別冊日経サイエンス一五一』日本経済新聞出版社、二〇〇五年
馬場悠男「第六三回人類の進化と未来——思いやりの心はいつ生まれたのか」危機管理研究会講

演会、二〇一八年（二月二七日、PORTA神楽坂、東京）

バーン、リチャード／アンドリュー・ホワイトゥン（編）『マキャベリ的知性と心の理論の進化論——ヒトはなぜ賢くなったか』藤田和生、山下博志、友永雅己監訳、ナカニシヤ出版、二〇〇四年（*orig.* Byrne, Richard et al. *Machiavellian Intelligence—Social Expertise and the Evolution of Intellect in Monkeys, Apes, and Humans.* Oxford University Press, 1988.）

バンザロフ、ドルジ「黒教或ひは蒙古人に於けるシャマン教」『北亜細亜学報』第一輯、白鳥庫吉訳、一〜六二頁、一九四二（一八九一）年（*orig.* Banzarov, Dorji *Chyornaya vera ili shyamstvo u mongolov.* Pod redaktsiei G. N. Potanina. SP-b, Sankt-Peterburg, 1891.）

プリドー、トム『クロマニョン人』早弓惇訳、タイムライフブックス、一九七七年（*orig.* Prideaux, T. *Cro-Magnon Man.* New York: Time-Life Books, 1973.）

ホワイトゥン、アンドリュー／リチャード・バーン（編）『マキャベリ的知性と心の理論の進化論二——新たなる展開』友永雅己、小田亮、平田聡、藤田和生（監訳）、ナカニシヤ出版、二〇〇四年（*orig.* Whiten, Andrew and Richard W. Byrne eds. *Machiavellian Intelligence II—Extension and Evaluations.* Cambridge University Press, 1997.）

松沢哲郎・長谷川寿一（編）『心の進化——人間性の起源をもとめて』岩波書店、二〇〇〇年

水谷仁（編）『脳のしくみ——ここまで解明された最新の脳科学』ニュートンプレス、二〇〇八年

ミズン、スティーヴン『心の先史時代』松浦俊介、牧野美佐緒訳、青土社、一九九八年（*orig.* Mithen, S. *The Prehistory of the Mind.* London: Thames and Hudson, 1996.）

山岸俊男『安心社会から信頼社会へ——日本型システムの行方』中公新書、一九九九年
山岸俊男『社会的ジレンマ——「環境破壊」から「いじめ」まで』PHP研究所、二〇〇〇年
山口未花子『ヘラジカの贈り物——北方狩猟民カスカと動物の自然誌』春風社、二〇一四年
山田孝子『アイヌの世界観——「ことば」から読む自然と宇宙』講談社選書メチエ、一九九四年
山田孝子『ラダック——西チベットにおける病いと治療の民族誌』京都大学学術出版会、二〇〇九年
山田孝子「可視化されるラー（神）の力と宗教性の現出——ラダックにおける僧院の祭りから」『北方学会報』一五：三～一四頁、二〇一一年
山田孝子『南島の自然誌——変わりゆく人-植物関係』昭和堂、二〇一二年
リーキー、リチャード『ヒトはいつから人間になったか』馬場悠男訳、草思社、一九九六年
(*orig*. Leakey, R. *The Origin of Humankind*. New York: Basic Books, 1994.)
渡辺仁『縄文式階層化社会』六興出版、一九九〇年
渡辺仁（編）『人類学講座第一二巻・生態』雄山閣、一九七七年

欧文文献

Archambeau, M. et Claude *Les Combarelles*. Pierre Fanlac, 1989.
Archambeau, M. et Claude Les Les Figurations Humaines Pariétales de la Grotte des Combarelles. *Gallia Préhistoire* 33: 53-81. 1991.

Bataille, G. *The Great Centuries of Painting, Prehistoric Painting, Lascaux, or the Birth of Art.* Paris: Skira. 1955.

Batchelor, J. The Ainu Bear Festival. *The Transactions of the Asiatic Society of Japan. 2nd series* 9: 37–44. 1932.

Bordes, F. (ed.) *The Origin of Homo sapiens. Proceedings of the Paris symposium, 2–5 September 1969, organized by Unesco in co-operation with the International Union for Quaternary Research (INQUA)*. Paris: Unesco. 1972.

Breuil, H. *Quatre cents siecles d'art parietal : les caverns ornees de l'age du renne*. Montignac, Dordogne: Centre d'etudes et documentation prehistoriques. 1952.

Burch, E. S., Jr. The Caribou/Wild Reindeer as A Human Resource. *American Antiquity* 37 (3): 339–368. 1972.

Capitan, L., H. Breuil. et D. Peyrony *Les Combarelles aux Eyzies (Dordogne)*. Masson 1924.

de Laguna, F. Some Early Circumpolar Studies. In *Circumpolar Religion and Ecology*. Irimoto, T. and T. Yamada (eds.), Tokyo: University of Tokyo Press, pp. 7–44. 1994.

Dixon, J. The Origin, Development, and Extinction of Circumpolar Side Microblade Traditions. *International Symposium, A Circumpolar Reappraisal.* Norwagian University of Science and Technology (NTNU), Trondheim, 10–12 October, 2008.

Francke, A. H. *Antiquities of Indian Tibet.* Part (Vol.) II. Archaeological Survey of India, New

Imperial Series, Vol. L., S. Chand & Co. 473pp. 1926.

Hallowell, I. Bear Ceremonialism in the Northern Hemisphere. *American Anthropologist* 28 (1): 1-175. 1926.

Heissig, Walther *The Religions of Mongolia*. eoffrey amuel trans, Berkley and Los Angeles: University of California Press. 〔*Die Religionen Tibets und der Mongolei* by Giuseppe Tucci and Walter Heissig. Stuttgart Berlin Köln Mainz: Verlag W Kohlhammer〕 1980 〔1970〕.

Hoppál, M. Performing Shamanism in Siberian Rock Art. In: *Shamanism in Performing Arts*. (*Bibliotheca Shamanistica* 1) Kim, T. and M. Hoppál (eds.), pp. 273-279. Budapest: Akadémiai Kiadó. 1995.

Irimoto, T. *Chipewyan Ecology—Group Structure and Caribou Hunting System*. Senri Ethnological Studies No. 8. Osaka: National Museum of Ethnology. 1981.

Irimoto, T. Chipewyan Ecology and Mythology with reference to Caribou Hunting Strategy. *Abstract of the 87th Annual Meeting of American Anthropological Association*. p. 40, Phoenix, University of Arizona. 1988.

Irimoto, T. Ainu Shamanism: Oral Tradition, Healing, and Dramas. In Yamada, T. and T. Irimoto (eds.) *Circumpolor Animism and Shamanism*. Sapporo: Hokkaido University Press, pp. 21-46. 1997.

Irimoto, T. *The Eternal Cycle—Ecology, Worldview and Ritual of Reindeer Herders of Northern*

Kamchatka. Senri Ethnological Reports No. 48. Osaka: National Museum of Ethnology. 2004.

Irimoto, T. Northern Studies in Japan. *Japanese Review of Cultural Anthropology*, 5: 55–89. 2004.

Irimoto, T. *The Ainu Bear Festival*. Sapporo: Hokkaido University Press. 2014.

Irimoto, T. The Role of the Dalai Lama in Peacekeeping in Ladakh. The 14th Seminar of the International Association for Tibetan Studies (IATS). June 19–June 25, 2016. University of Bergen, Bergen, Norway. 2016.

Irimoto, T. An Analysis of Inter-ethnic-religious Conflicts and Conflict Resolutions in Ladakh, Western Tibet. *Tibetan Studies Association Bulletin* 4: 1–14. 2018.

Irimoto, T. and T. Yamada (eds.) *Circumpolar Religion and Ecology*. Tokyo: University of Tokyo Press. 1994.

Irimoto, T. and T. Yamada (eds.) *Circumpolar Ethnicity and Identity*. Senri Ethnological Studies No. 66. Osaka: National Museum of Ethnology. 2004.

Jamyang Gyaltsan *Mangtro Monastery*. Leh: Cultural and Welfare Society, Mangtro Gonpa. 2005.

Jochelson, W. *The Koryak. p. I–II. The Jesup North Pacific Expedition*. New York: Memoirs of the American Museum of Natural History. 1905/08.

Lee, R. and I. De Vore. (eds.) *Man the Hunter*. Chicago: Aldine. 1968.

Lévi-Strauss, Claude *Totemism*. (*orig*. 1962 *Le Totémisme aujougd'hui*. Presses Universitaires de

France) Boston: Beacon Press. C. 1963.

Maringer, J. and H. G. Bandi *Art in the Ice Age, Spanish Levant Art, Arctic Art*. London: George Allen and Unwin Ltd. 1953.

Miyaoka, O. Linguistic Diversity in Decline—A Functional View. In: *The Vanishing Languages of the Pacific Rim*. Miyaoka, O., *et al.* (eds.), pp. 144-162. Oxford: Oxford University Press. 2007.

Munro, N. G. *MS. Munro's Ainu Material.* (London: Royal Anthropological Institute of Great Britain and Ireland) n. d.

Plassard, M. J. *Visiting Rouffignac Cave*. Sud Ouest. 1995.

Radford, M. B., S. Ohnuma, and T. Yamagishi (eds.) *Cultural and Ecological Foundations of the Mind*. Sapporo, Hokkaido University Press. 2007.

Rasmussen, K. *Intellectual Culture of the Iglulik Eskimos*. Report of the Fifth Thule Expedition 1921-24. Vol. VII. No. 1. Copenhagen: Glydendalske Boghandel, Nordisk Forlag. 1929.

Roussot, A. *L'art préhistorigue*. Sud Ouest. 1997.

Suyuge, The Origin of the Cultural Consciousness of Andai. In Yamada, T. and T. Irimoto (eds.) *Circumpolar Animism and Shamanism*. Sapporo: Hokkaido University Press, pp. 261-271. 1997.

Tucci, von Giuseppe and Walther Heissig *Die Religionen Tibets und der Mongolei*. Stuttgart Berlin Köln Mainz: Verlag W. Kohlhammer. 1970.

Velichko, A. A. *Late Quaternary Environments of the Soviet Union*. Wright, H. E. Jr. and C. W.

Barnoski (English-Language eds.). Minneapolis: University of Minnesota Press. 1984.

Vialou, D. *L'art des Grottes en Ariège Magdalénienne*: *XXIIe supplément à Gallia Préhistoire*. Paris: Éditions du Centre National de la Recherche Scientifique. 1986.

Watanabe, H. The Ainu—A Study of Ecology and the System of Social Solidarity between Man and Nature in relation to Group Structure. *Journal of the Faculty of Science, University of Tokyo, Section V, Anthropology* 2 (6): 1-164. 1964. [reprint 1972 *The Ainu Ecosystem*. The American Ethnological Society Monograph 54].

Watanabe, H. Ainu Shaman as Accuser of Taboo-Breakers. In: *Shamanism in Performing Arts* (*Bibliotheca Shamanistica* 1). Kim, T. and M. Hoppál (eds.), pp. 97-102. Budapest: Akadémiai Kiadó. 1995.

Watanabe, H. and Y. Kuchikura Control Precision in the Flaking of Levallois Points from the Amud Cave. *Paléorient* 1 (1): 87-95. 1973.

Watanabe, H. (ed.) *Human Activity System*. Tokyo: University of Tokyo Press. 1977.

Wensinck, A. Jan. The Ideas of the Western Semites Concerning the Navel of the Earth. [reprinted from *Verhandelingen der Koninklijke Akademie van Westenschappen,* 2nd series, XVII, no. 1] In *Studies of A. J. Wensinck*. New York: Arno Press, pp. I-XII, 1-65. 1978a [1917].

Wensinck, A. Jan The Ocean in the Literature of the Western Semites. [reprinted from *Verhandelingen der Koninklijke Akademie van Westenschappen,* 2nd series, XIX, no. 2] In *Studies of A.*

J. Wensinck. New York: Arno Press, pp. I-VI,1-66. 1978b [1918].

Wensinck, A. Jan Tree and Bird as Cosmological Symbols in Western Asia. [reprinted from *Verhandelingen der Koninklijke Akademie van Westenschappen,* 2nd series, XXII, no. 1] In *Studies of A. J. Wensinck*. New York: Arno Press, pp. I-X, 1-47. 1978c [1921].

Yamada, T. *An Anthropology of Animism and Shamanism*. Budapest: Akadémiai Kiadó. 1999.

Yamada, T. *The World View of the Ainu*. London: Kegan Paul. 2001.

Yamada, T. and T. Irimoto (eds.) *Circumpolar Animism and Shamanism*. Sapporo: Hokkaido University Press. 1997.

Yamada, T. and T. Irimoto (eds.) *Continuity, Symbiosis, and the Mind in Traditional Cultures of Modern Societies*. Sapporo: Hokkaido University Press. 2011.

ちくま新書
1395

こころの人類学《じんるいがく》
――人間性《にんげんせい》の起源《きげん》を探《さぐ》る

二〇一九年三月一〇日　第一刷発行

著者　煎本 孝（いりもと・たかし）

発行者　喜入冬子

発行所　株式会社 筑摩書房
東京都台東区蔵前二―五―三　郵便番号一一一―八七五五
電話番号〇三―五六八七―二六〇一（代表）

装幀者　間村俊一

印刷・製本　株式会社 精興社

ISBN978-4-480-07207-8 C0239

ちくま新書

713 縄文の思考　小林達雄

土器や土偶のデザイン、環状列石などの記念物は、縄文人の豊かな精神世界を語って余りある。著者自身の半世紀近い実証研究にもとづく、縄文考古学の到達点。

791 日本の深層文化　森浩一

稲と並ぶ隠れた主要穀物の「粟」。田とは異なる豊かさを提供してくれる各地の「野」。大きな魚としてのクジラ。——史料と遺跡で日本文化の豊穣な世界を探る。

859 倭人伝を読みなおす　森浩一

開けた都市、文字の使用、大陸の情勢に機敏に反応する外交。——古代史の一級資料「倭人伝」を正確に読みとき、当時の活気あふれる倭の姿を浮き彫りにする。

1287-1 人類5000年史Ⅰ ——紀元前の世界　出口治明

人類五〇〇〇年の歩みを通読する、新シリーズの第一巻、ついに刊行！　文字の誕生から知の爆発の時代まで紀元前三〇〇〇年の歴史をダイナミックに見通す。

1287-2 人類5000年史Ⅱ ——紀元元年〜1000年　出口治明

人類史を一気に見通すシリーズの第二巻。漢とローマ二大帝国の衰退、世界三大宗教の誕生、陸と海のシルクロード時代の幕開け等、激動の1000年が展開される。

1364 モンゴル人の中国革命　楊海英

内モンゴルは中国共産党が解放したのではない。草原の民は清朝、国民党、共産党といかに戦い、敗れたのか。日本との関わりを含め、総合的に描き出す真実の歴史。

064 民俗学への招待　宮田登

なぜ私たちは正月に門松をたて雑煮を食べ、晴着を着るのだろうか。柳田国男、南方熊楠、折口信夫などの民俗学研究の成果を軸に、日本人の文化の深層と謎に迫る。